“Yn *Lleddfu Gorbryder Cymdeithasol*, dangos i bobl ifanc sut i ddechra gorbryder cymdeithasol. Os yw dy fy oherwydd gorbryder cymdeithasol, adnabod rhywun ifanc â phroblemau gorbryder cymdeithasol, beth am ei annog i ddilyn y camau clir, syml a hawdd eu deall yn y gyfrol ardderchog hon?”

Eli R. Lebowitz, PhD, cyfarwyddwr Yale Child Study Center Program for Anxiety Disorders, UDA, ac awdur *Breaking Free of Child Anxiety and OCD*

“Mae gorbryder cymdeithasol yn gyffredin iawn ac mae’n gallu bod yn rhwystr enfawr i gyrraedd dy botensial. Gall hyn fod yn broblem enfawr i bobl ifanc yn eu harddegau. Yn ffodus, mae sgiliau effeithiol iawn yn bod i ddelio â’r broblem hon. Mae’r llyfr hwn yn ganllaw cam wrth gam i reoli a goresgyn y broblem hon. Paid â dioddef yn dawel. Mae ateb ar gael. Bydd y llyfr hwn yn dy helpu.”

Stefan G. Hofmann, PhD, athro ym Mhrifysgol Boston, UDA, ac awdur *The Anxiety Skills Workbook*

“Mae’r llyfr gwaith hwn yn adnodd ardderchog i bobl ifanc yn eu harddegau sy’n cael trafferth â gorbryder cymdeithasol. Mae Bridget Flynn Walker yn darparu cynllun i helpu pobl ifanc yn eu harddegau i arwain eu hunain drwy’r broses o ddeall natur eu gorbryder cymdeithasol. Mae gwreiddiau’r cynllun mewn tystiolaeth wyddonol. Mae’r enghreifftiau a’r cwestiynau cyffredin yn dod â chynnwys y llyfr yn fyw iawn. Mae’r cynnwys ynghylch amlygu, sydd wrth galon y llyfr, yn cael ei egluro’n dda ac yn hawdd i’w ddeall. Does dim amheuaeth y byddaf yn defnyddio’r llyfr hwn gyda fy nghleifion.”

Rachel Busman, PsyD, ABPP, seicolegydd clinigol, ac uwch gyfarwyddwr y ganolfan gorbryder ac anhwylderau cysylltiedig mewn plentyndod a llencyndod, Cognitive and Behavioral Consultants, Efrog Newydd

"Mewn iaith glir, uniongyrchol a pherthnasol, mae Bridget Flynn Walker wedi dilyn ei llyfr clodwiw i rieni plant gorbryderus â chanllaw hanfodol i bobl ifanc yn eu harddegau sydd â gorbryder cymdeithasol. Mae'r dull cam wrth gam ymarferol yn seiliedig ar yr ymchwil ddiweddaraf ac mae fel cael yr un doethaf yn eich teulu yn eich annog yn eich blaen. Rwy'n gobeithio y bydd fy nghydweithwyr ym maes pediatreg yn gosod copïau yn eu hystafelloedd aros!"

David Becker, MD, LMFT, athro clinigol, adran bediatreg Prifysgol California, San Francisco

"Mewn iaith glir sy'n addas i'r arddegau, mae *Lleddfu Gorbryder Cymdeithasol* gan Bridget Flynn Walker yn tywys pobl ifanc yn eu harddegau gorbryderus gam wrth gam ar hyd llwybr therapi ymddygiad gwybyddol (CBT) fel y gallan nhw ymdopi'n llwyddiannus â sefyllfaoedd cymdeithasol. Wrth ei ddarllen, meddyliais am sawl plentyn yr hoffwn roi copi o'r llyfr hwn iddo!"

Margo Thienemann, MD, athro clinigol seiciatreg ym Mhrifysgol Stanford, a chyd-sylfaenydd a phrif seiciatrydd y clinig iechyd ymddygiad yn Stanford Children's Health, California

"Nawr yn fwy nag erioed, rhaid i unrhyw berson ifanc sy'n dioddef o orbryder cymdeithasol, yn ogystal ag unrhyw oedolyn yn ei fywyd, ddarllen y canllaw hygyrch ac ymarferol hwn. Mae'n anrhydeddu'r unigolyn cyfan a'i brofiad, ynghyd â rhoi camau pendant a chyraeddadwy tuag at wella. Mae gan Bridget Flynn Walker ddawn i gyrraedd pobl ifanc yn eu harddegau, ac mae'r testun yma'n ddrych o'i doniau."

Katie Blaesing, cwnselydd a chydlynydd addysg gwrthragfarn yn The Hamlin School, San Francisco

"Yn gryno ac yn drylwyr, mae Bridget Flynn Walker yn egluro'n ofalus beth yw gorbryder cymdeithasol, sut mae ymddygiad osgoi a diogelwch yn cynnal gorbryder cymdeithasol, a sut gall pobl ifanc ymdopi â gorbryder cymdeithasol a'i oresgyn. Mae Walker yn trin a thrafod agweddau nodweddiadol ar orbryder cymdeithasol a rhai mwy tabŵ arno, ond dyw hi byth yn bwrw'r bai nac yn codi cywilydd ar bobl ifanc yn eu harddegau am fod yn orbryderus. Mae'r llyfr anhygoel hwn yn siarad mewn ffordd glir ac uniongyrchol y gall pobl ifanc yn eu harddegau sydd â gorbryder cymdeithasol uniaethu â hi."

Daniela Owen, PhD, cyfarwyddwr cynorthwyol y San Francisco Bay Area Center for Cognitive Therapy; ac awdur *Right Now, I Am Fine*

"Mewn byd llawn gofid a phryder, ac ar yr union adeg yr oedd ei angen, dyma ganllaw clir a syml ar sut i fod yn feistr ar ffobiâu cymdeithasol. Mae cyfarwyddiadau di-lol cam wrth gam Bridget Flynn Walker yn darparu'r dulliau i ymdopi â sefyllfaoedd cymdeithasol llawn straen yn llwyddiannus. Os ydych chi neu'ch plentyn yn ei arddegau yn cael trafferth â gorbryder a'ch bod chi'n barod i fynd i'r afael ag e, dyma'r llyfr i chi."

Laurel Schultz, MD, MPH, paediatregydd cymunedol yn Golden Gate Pediatrics yn San Francisco, California

lleddfu gorbryder cymdeithasol

canllaw CBT i'r **arddegau**
i **deimlo'n hyderus**
ac yn **gysurus**

BRIDGET FLYNN WALKER, PhD

y lolfa

Lleddfu Gorbryder Cymdeithasol
Cyhoeddwyd yng Nghymru yn 2023 gan Y Lolfa

Y Lolfa, Talybont, Ceredigion, Cymru SY24 5HE.
ylolfa.com

Cyhoeddwyd gyntaf yn 2021 gan Instant Help Books,
dan y teitl *Social Anxiety Relief for Teens*

Dylunydd y clawr: Amy Shoup
Caffaelwr: Jennye Garibaldi
Golygydd: Marisa Solis
Dylunydd yr addasiad Cymraeg: Richard Huw Pritchard

ISBN: 978-1-80099-360-0

Dymuna'r cyhoeddwyr gydnabod cymorth ariannol
Cyngor Llyfrau Cymru

Cynnwys

I wondered how many people there were in the world who suffered, and continued to suffer, because they could not break out from their own web of shyness and reserve, and in their blindness and folly built up a great distorted wall in front of them that hid the truth. This is what I had done. I had built up false pictures in my mind and sat before them. I had never had the courage to demand the truth. Had I made one step forward out of my own shyness…

Daphne du Maurier, *Rebecca*

Rhagair

Wyt ti'n teimlo'n orbryderus yng nghwmni pobl eraill? Wyt ti'n poeni bod pobl ddim yn dy hoffi di? Wyt ti'n credu i'r byw bod pobl yn meddwl dy fod ti'n od? Wyt ti'n chwysu, yn crynu, neu'n teimlo'n sâl pan mae'n rhaid i ti roi adroddiad o flaen dosbarth neu gymryd rhan mewn chwaraeon? Fyddi di'n gwneud unrhyw beth i osgoi siarad â phobl dwyt ti ddim yn eu hadnabod yn dda? Wyt ti'n osgoi mynd i barti neu allan ar ddêt? Wyt ti hyd yn oed yn osgoi edrych i lygaid pobl, neu ddweud helô wrth bobl rwyt ti'n eu hadnabod? Os oes un neu bob un o'r rhain yn canu cloch i ti, byddi di am roi cynnig ar y rhaglen sy'n cael ei disgrifio yn y llyfr hwn.

Mae Dr Bridget Flynn Walker yn seicolegydd clinigol sydd wedi gweithio am flynyddoedd lawer gyda phobl ifanc yn eu harddegau sy'n dioddef o wahanol fathau o orbryder. Dwi wrth fy modd ei bod hi, yn y llyfr hwn sy'n ymdrin yn benodol â gorbryder cymdeithasol, wedi cofnodi'r dulliau mae hi'n eu defnyddio'n llwyddiannus yn ei swyddfa. Galli di weithio gyda'r llyfr hwn ar dy ben dy hun, neu ei ddefnyddio gyda chymorth dy therapydd neu dy gwnselydd. Yn y llyfr hwn, mae Dr Walker yn dy dywys drwy'r rhaglen therapi ymddygiad gwybyddol (CBT: *cognitive behavioural therapy*) y mae hi wedi'i chreu yn benodol i bobl ifanc yn eu harddegau. Mae hi'n cyflwyno'r rhaglen gam wrth gam ac yn ateb llawer o'r cwestiynau posib gennyt ti am orbryder cymdeithasol a'r rhaglen hon.

Efallai dy fod ti wedi osgoi gwneud dim byd am dy orbryder cymdeithasol oherwydd dy fod ti'n meddwl doedd dim byd yn gallu helpu. Neu efallai dy fod ti'n teimlo gormod o embaras i ofyn am help. Neu efallai dy fod ti wedi gofyn am gefnogaeth yn y gorffennol, ond doedd e'n fawr o help. Rwy'n sylweddoli bod gofyn am help neu hyd yn oed dweud wrth bobl eraill faint rwyt ti'n dioddef yn gallu bod yn anodd. A dweud y gwir, dod dros y rhwystr cychwynnol hwn yw'r rhan anoddaf yn aml. Ond os wyt ti wedi darllen mor bell â hyn, mae'n debygol bod gen ti'r awydd, y penderfyniad, a'r cymhelliad i drechu dy orbryder cymdeithasol. Cer amdani! Mae'n deg dweud nad oes gen ti ddim byd i'w golli a phopeth i'w ennill.

Michael A. Tompkins, PhD, ABPP
Awdur *My Anxious Mind: A Teen's Guide to Managing Anxiety and Panic*

PENNOD 1

Agweddau niferus gorbryder cymdeithasol

Rhan anoddaf y diwrnod ysgol i Steffie, disgybl Blwyddyn 11, yw amser cinio. Mae hi fel arfer yn bwyta gyda'u ffrindiau gorau, Lola ac Abby. Pan mae ei ffrindiau gorau yn brysur, neu os ydyn nhw eisiau cynnwys rhai dyw Steffie ddim yn eu hadnabod yn dda, mae hi'n mynd i'r llyfrgell er mwyn osgoi'r sefyllfa anghyfforddus. Efallai y bydd hi'n gwneud yr esgus bod ganddi waith ysgol i'w wneud, hyd yn oed os nad yw hynny'n wir.

Ond heddiw dim ond y tair merch sydd yno, wrth eu hoff fwrdd yng nghornel y ffreutur.

"Well i ti ddod gyda ni y tro 'ma!" medd Lola y funud mae Steffie yn eistedd.

"I ble?"

"Y parti pizza yn nhŷ Elliott ddydd Sadwrn," medd Abby. "Bydd e'n gymaint o hwyl."

"Bydd," cytuna Lola. "Est ti ddim y tro diwethaf. A ti'n gwybod faint ry'n ni eisiau i ti ddod gyda ni!"

Pan mae Steffie yn oedi, dywed Lola, "Ti eisiau bod gyda ni, on'd wyt ti?"

"Wrth gwrs," medd Steffie, er ei bod hi'n gallu teimlo'i chalon yn dechrau curo a'r teimlad cyfarwydd o banig yn codi yn ei stumog.

Dyw hi ddim yn dweud celwydd wrth ei ffrindiau: mae hi eisiau mynd. Gwnaeth mam Elliott pizza anhygoel ar gyfer digwyddiad codi arian yn yr ysgol. Ac mae Elliott yn eithaf cŵl ei hun. Ond yna mae Steffie yn meddwl sut beth fydd bod yn y parti a gorfod mân siarad. Mae hynny'n ei dychryn hi.

Pan ddaw dydd Sadwrn, mae Steffie'n cael tecst yn cadarnhau y bydd Lola a'i mam yn ei nôl hi i fynd i'r parti. Mae Steffie'n ateb, "Iawn", ond byddai'n hoffi petai hi heb ddweud wrth ei ffrindiau ei bod hi am fynd. Dyw hi wir ddim eisiau mynd. Ond nawr mae hi'n poeni y byddan nhw'n meddwl ei bod hi'n dwp – neu'n waeth, yn ffrind gwael – os yw hi'n peidio â mynd nawr. Felly mae hi'n dweud wrthi hi'i hun ei bod hi'n gallu delio â hyn. Ac os yw pethau'n mynd yn drech na hi, bydd hi'n gadael yn gynnar.

Mae Steffie yn gwisgo amdani ac yn mynd allan i du blaen y tŷ i aros am Lola a'i mam. Wrth iddi sefyll yno, mae ton o orbryder yn dod drosti. Mae ei meddyliau'n troi at y senarios gwaethaf posib: *Bydd pawb yn methu deall pam dwi yno. Fydda i ddim yn gallu siarad. Byddan nhw'n sylwi 'mod i'n nerfus ac yn meddwl 'mod i'n wallgof. Dwi'n siŵr o farw yn y parti!* Mae hi'n dechrau crynu a chwysu ac yn teimlo mor sâl, mae hi'n teimlo fel chwydu.

Mae hi'n codi ei ffôn ac yn tecstio Lola: "Sori. Dwi'n sâl. Ddim yn gallu dod heno."

Mae Lola yn tecstio'n ôl ag wyneb gwgu a "Brysia wella".

Mae Steffie yn amau ei bod hi'n synhwyro gwatwar yn y "brysia wella". Dyna ddywedodd Lola y tro diwethaf i Steffie wneud hyn. Wrth iddi fynd yn ôl i'r tŷ, mae Steffie yn siomedig iawn ynddi hi'i hun. Mae ganddi gywilydd bod mor ofnus o sefyllfa sydd ddim yn broblem i bobl ifanc eraill. Ond dyw hi ddim yn gwybod sut i ddatrys y peth.

"Beth ddigwyddodd, cariad?" mae mam Steffie yn gofyn yn syn. "Ro'n i'n meddwl dy fod ti'n mynd i'r parti?"

Mae Steffie yn methu esbonio. Mae hi'n rhedeg lan lofft, yn cloi ei hun yn ei hystafell, ac yn gwrthod siarad â'i rhieni am weddill y noson. Dyw hi ddim eisiau wynebu Lola nac Abby o gwbl yn yr ysgol ddydd Llun ac mae'n pendroni beth gallan nhw fod wedi'i ddweud wrth y lleill am ei habsenoldeb o'r parti.

BETH YW GORBRYDER CYMDEITHASOL?

Mae Steffie yn dioddef o *orbryder cymdeithasol*. Beth yw ystyr hynny? Yn y bôn, ystyr gorbryder cymdeithasol yw teimlo pryder ac ofn eithafol sy'n gysylltiedig â sefyllfaoedd cymdeithasol. Mae'r pryder a'r ofn hwnnw fel arfer yn canolbwyntio ar deimlo bod pobl yn dy farnu, dy fod yn cael dy werthuso'n negyddol, neu'n cael dy wrthod gan eraill.

Mae sawl agwedd ar orbryder cymdeithasol. I Steffie, mae gorbryder yn golygu osgoi disgyblion dyw hi ddim yn eu hadnabod yn dda. I rywun arall, gallai olygu bod ar ei ben ei hun drwy'r amser. Bydd rhywun arall sydd â gorbryder cymdeithasol eisiau sicrwydd gan rieni neu bobl eraill drwy'r amser, i'r fath raddau, mae'n rhoi'r argraff ei fod yn *clingy*. Er bod golwg wahanol iawn o'r tu allan ar y gwahanol fathau hyn o orbryder cymdeithasol, mae'r gorbryder o dan yr wyneb a chadw golwg ar sefyllfaoedd yn barhaus yn debygol o fod yn eithaf tebyg. Mae'n anodd ymlacio gyda ffrindiau neu ymddwyn yn naturiol mewn ystafell ddosbarth pan mae prosesydd mewnol y meddwl yn mynd gan milltir yr awr.

Oherwydd bod pawb ohonon ni'n tueddu i roi pwys arbennig yn ystod ein harddegau ar farn pobl eraill amdanon ni, mae poeni mwy am hynny yn gallu ymddangos fel amseru gwael iawn. Mae'n gallu gwneud i ddiwrnodau yn yr ysgol deimlo fel brwydr go iawn. Ble bynnag rwyt ti'n troi, rwyt ti'n gweld rhesymau i boeni nad yw eraill yn dy hoffi di, ddim eisiau siarad â ti, neu'n meddwl dwyt ti ddim yn ddigon cŵl neu brydferth neu olygus neu glyfar. Mae'n siŵr nad yw pobl eraill mewn gwirionedd yn meddwl nac yn teimlo'r pethau hynny o gwbl, ond elli di ddim tewi'r llais sy'n dweud fel arall.

Mewn gwirionedd, gall y pethau rwyt ti'n eu gwneud i osgoi beirniadaeth pobl ddenu beirniadaeth na fyddet wedi'i chael fel arall. Er enghraifft, gall osgoi cyswllt llygad drwy'r amser wneud i ti edrych yn ddrwgdybus neu'n ffroenuchel. Os wyt ti'n paratoi pynciau sgwrsio o flaen llaw er mwyn peidio â swnio'n ddiflas, gallet ti wedyn swnio'n artiffisial neu'n stiff. Gall gwisgo llawer o golur i guddio dy wyneb di'n cochi wneud i ti edrych allan o le. Drwy wneud y pethau hyn a phethau eraill tebyg, byddi di dy hun yn achosi dy orbryder cymdeithasol.

Y newyddion da yw dy fod ti'n gallu atal y cylch dieflig a threchu dy orbryder. Yn y llyfr hwn, dwi'n mynd i dy gyflwyno di i raglen a fydd yn gwneud hynny'n union ac yn dy dywys di drwy'r camau. Ond yn gyntaf, beth am i ni gael gwell syniad o sut mae gorbryder cymdeithasol yn gweithio ac a wyt ti'n ei brofi?

Pam mae gorbryder cymdeithasol gan gymaint o bobl ifanc yn eu harddegau?

Ers y dyddiau pan oedd pobl yn byw mewn ogofâu, mae bodau dynol wedi bod yn anifeiliaid cymdeithasol. Mae dysgu byw gydag eraill yn rhan naturiol o ddatblygiad pawb. Mae blynyddoedd yr arddegau, yn arbennig, yn gyfnod o newid mawr. Nid yn unig mae dy gorff yn mynd trwy newidiadau anhygoel, ond rwyt ti hefyd yn tyfu yn gymdeithasol.

Rwyt ti'n ymestyn oddi wrth dy deulu mewn ffyrdd newydd ac yn treulio mwy o amser gyda dy gyfoedion. Yn hytrach nag edrych yn bennaf at dy rieni am arweiniad, mae gen ti lawer o ddylanwadau newydd yn dy fywyd. Mae dy fyd yn ehangu, ac rwyt ti'n dod yn fwy annibynnol.

Mae dy feddwl a dy enaid di'n datblygu mewn ffyrdd newydd hefyd. Yn dy arddegau, rwyt ti'n fwy ymwybodol o dy feddyliau a dy deimladau mewnol. Ar yr un pryd, rwyt ti'n fwy ymwybodol o farn pobl eraill amdanat ti. Rwyt ti'n sylwi ar ddillad pobl eraill, sut maen nhw'n siarad, beth sy'n bwysig iddyn nhw. Mae hyn i gyd yn ehangu dy fyd ymhellach.

Er mor gyffrous yw'r holl newidiadau hyn, maen nhw'n gallu dod â mwy o orbryder hefyd. Mae bywyd yn fwy cymhleth o lawer yn ein byd ni heddiw nag yr oedd e pan oedd pobl yn byw mewn ogofâu. Ac felly, wrth i ti drio creu cyfeillgarwch a chael dy dderbyn i grwpiau cymdeithasol newydd, mae mwy o resymau dros brofi gorbryder. Gall y gorbryder hwn fod yn ddigon difrifol i achosi llawer o ofid a rhwystro pobl rhag creu cyfeillgarwch. Neu gall fod yn llai difrifol ond eto'n ddigon i wneud i ti deimlo'n anghyfforddus yng nghwmni eraill, yn yr ysgol a'r tu allan iddi.

Os yw'r hyn rwyt ti'n ei ddarllen fan hyn am orbryder cymdeithasol yn taro tant, dwyt ti ddim ar dy ben dy hun. Mae'n arferol i bobl ifanc yn eu harddegau gael rhywfaint o orbryder cymdeithasol. Ond i rai, mae'r nerfusrwydd arferol hwn yn fwy di-baid. Yr amcangyfrif yw bod cymaint â 10 y cant o bobl ifanc yn eu harddegau yn profi gofid parhaus oherwydd gorbryder cymdeithasol. P'un a yw dy orbryder yn ysgafn neu'n fwy difrifol, dylai'r rhaglen yn y llyfr hwn fod o gymorth i ti.

Beth sy'n achosi gorbryder cymdeithasol?

Yn anffodus, allwn ni ddim nodi un peth sy'n achosi gorbryder cymdeithasol. Ond rydyn ni'n gwybod ei fod yn rhedeg mewn teuluoedd. Os oes gan dy rieni neu berthnasau eraill unrhyw fath o orbryder, efallai y bydd gen ti hefyd. Efallai fod dy eneteg yn gwneud i dy ymennydd roi mwy o sylw i wybodaeth sy'n dy fygwth di yn gymdeithasol. Hefyd, gall dy ymennydd fod yn fwy tebygol o ddehongli sefyllfaoedd niwtral fel rhai bygythiol hyd yn oed pan does dim bygythiad go iawn. I ychwanegu at y broblem hon, efallai y bydd dy ymennydd yn colli gwybodaeth a fyddai'n dangos does dim byd i boeni yn ei gylch. Canlyniad hyn yw llawer o boeni ac ofn a gorbryder mewn sefyllfaoedd cymdeithasol, oherwydd dy fod ti'n credu y byddi di'n cael niwed go iawn.

Mae rhai gwyddonwyr yn ymchwilio i ba gemegion yn y corff

a allai gyfrannu at orbryder cymdeithasol, ond mae angen mwy o ymchwil er mwyn cael darlun clir. Yn y cyfamser, y peth pwysig i'w gofio yw nad wyt ti wedi gwneud dim byd o'i le. Does dim bai arnat ti o gwbl!

OES GEN TI ORBRYDER CYMDEITHASOL?

Er nad yw profiadau pawb o orbryder cymdeithasol yn union yr un fath, mae elfennau cyffredin iddyn nhw. Mae'r rhain yn cynnwys synwyriadau – *sensations* – corfforol, meddyliau annifyr, ac ailadroddus yn aml, sefyllfaoedd penodol sy'n anodd eu trin, a sut rydyn ni'n ymateb.

Mae'r rhestr ganlynol yn cynnwys llawer o'r elfennau hyn. I weld a allet ti fod yn dioddef o orbryder cymdeithasol, noda'r holl ddatganiadau sy'n wir amdanat ti naill ai weithiau (1) neu'n aml (2). Paid â nodi'r datganiadau sydd ddim yn wir amdanat ti.

	1 (weithiau)	2 (yn aml)
1. Dwi'n cael y teimladau yma pan dwi gyda phobl eraill:		
• crynu neu ysgwyd		
• fy nghalon yn curo fel gordd		
• chwysu		
• tyndra yn y cyhyrau		
• cochi gormodol		
• teimlo allan o wynt		
• pendro		
• cyfog		

• chwydu		
• meddwl gwag.		
2. Dwi'n cael y meddyliau hyn am fod gyda phobl eraill:		
• *maen nhw'n meddwl 'mod i'n rhyfedd*		
• *maen nhw'n meddwl nad ydw i'n ddigon da*		
• *fyddan nhw ddim yn fy hoffi fi*		
• *byddan nhw'n sôn amdana i y tu ôl i 'nghefn i*		
• *dwi'n od [neu'n dwp neu'n hyll neu unrhyw feirniadaeth arall]*		
• *dydw i ddim yn ddigon da*		
• *bydda i'n teimlo cywilydd*		
• *bydda i'n digio neu'n brifo eraill*		
• *bydda i'n faich ar eraill.*		
3. Dydw i ddim yn hoffi sefyllfaoedd lle dwi'n gorfod:		
• siarad â phobl ddieithr		
• codi fy llaw yn y dosbarth		
• gwneud cyflwyniad yn y dosbarth		
• bod yr un olaf i gyrraedd ystafell neu ddigwyddiad		
• mynd i barti		
• mynd ar ddêt		
• gwneud cyswllt llygad		
• bwyta o flaen eraill		
• defnyddio toiledau cyhoeddus.		
4. Dwi'n ymateb i sefyllfaoedd anghyfforddus gydag eraill fel hyn:		
• osgoi sefyllfaoedd gyda phlant dydw i ddim yn eu hadnabod yn dda		

• cymdeithasu ddim ond â phlant dwi'n eu hadnabod yn dda		
• gadael y sefyllfa cyn gynted â phosib		
• gwisgo clustffonau		
• cuddio fy ngorbryder		
• siarad cyn lleied â phosib		
• teimlo'n isel am y peth		
• gofyn i fy rhieni neu athrawon i wneud trefniadau arbennig ar fy nghyfer		
• cymryd cyffur neu hunanfeddyginiaethu.		

Os wyt ti wedi nodi naill ai 1 (weithiau) neu 2 (yn aml) ar gyfer y rhan fwyaf o'r eitemau ar y rhestr hon, rwyt ti fwy na thebyg yn dioddef o orbryder cymdeithasol. Mae'n arbennig o bwysig edrych ar yr elfennau rwyt ti eu profi'n aml, a bydd cyfle i ti weithio gyda'r rhain yn y penodau sy'n dilyn. (Cofia nad yw hwn yn brawf swyddogol ar gyfer gorbryder cymdeithasol; ond mae'n rhoi syniad da i ti o'r hyn rwyt ti'n ei brofi.)

YMDDYGIAD OSGOI A DIOGELWCH

Mae gorbryder cymdeithasol yn deimlad annymunol dros ben. Efallai na fydd yn gwneud synnwyr i ti hyd yn oed, ac efallai na fydd eraill sy'n dy weld di yn ei brofi yn ei ddeall chwaith. Beth sy'n frawychus am siarad yn y dosbarth, pan mae pobl eraill yn gallu gwneud hynny? Mae pawb arall i weld yn hapus yn eistedd i gael cinio, felly pam na alli di?

Efallai y byddi di'n teimlo cywilydd am dy orbryder cymdeithasol. Felly, ar ben gorfod delio â'r pyliau o orbryder bob dydd, rwyt ti'n gorfod delio â chywilydd hefyd. Neu efallai y byddi di'n teimlo'n isel iawn am y peth. Am yr holl resymau hyn, mae'n naturiol dy fod ti eisiau atal dy hun rhag teimlo ofn a gorbryder dwys.

Y ddwy brif ffordd o ymdopi â gorbryder cymdeithasol gan amlaf yw drwy ddefnyddio ymddygiadau osgoi a thrwy ddefnyddio ymddygiadau diogelwch. *Ymddygiad osgoi* yw ceisio osgoi bod mewn sefyllfa benodol neu feddwl am sefyllfa benodol sy'n achosi pryder neu ofn. *Ymddygiad diogelwch* yw gweithredoedd neu feddyliau i'w gwneud hi'n llai tebygol y byddi di'n cael y canlyniad rwyt ti'n ei ofni o fod mewn sefyllfa sy'n sbarduno gorbryder.

Cyn i ni drafod yr ymddygiadau hyn yn fanylach, rydyn ni am ystyried profiad Martin, sydd yn ei flwyddyn olaf yn yr ysgol uwchradd. Mae Martin yn mynd i'r ysgol gyda phlant y mae wedi'u hadnabod am y rhan fwyaf o'i oes, ond mae'n cadw pawb hyd braich fel arfer. Mae'n osgoi codi ei law neu siarad yn y dosbarth am ei fod yn poeni y bydd ei feddwl yn mynd yn wag, y bydd e'n crynu ac yn cochi. Mae'r posibilrwydd o deimlo embaras yn ei ddychryn. Mae'n sicr y bydd y disgyblion eraill yn meddwl ei fod e'n od.

Aeth rhieni Martin ag ef i weld meddyg plant, a ddywedodd y byddai Martin yn "tyfu allan" o'i ofnau. Ond dyw hynny ddim wedi digwydd. Dyw ei bryder ddim yn digwydd gydag oedolion, gan gynnwys ei athrawon. Bob blwyddyn, mae'n gofyn i'w athrawon wneud trefniadau arbennig. Er enghraifft, pan osododd ei athrawes, Mrs. Chu, dasg cyflwyniad llafar, gofynnodd am gael ei esgusodi.

Roedd Mrs. Chu wedi drysu. "Ond rwyt ti'n gallu mynegi dy hun cystal pan fyddi di'n siarad â fi," meddai. "Dydw i ddim yn deall pam rwyt ti'n poeni am y dosbarth. Mae gen ti lawer i'w gynnig."

"Dwi'n gwybod y galla i wneud cyflwyniad A*," meddai Martin. "Dwi jest eisiau rhoi'r cyflwyniad gorau posib. Mae mynd i goleg da yn bwysig i fi."

Yn y pen draw, mae Mrs Chu yn rhoi caniatâd i Martin roi ei gyflwyniad llafar yn breifat. Dywedodd ei bod hi'n gwybod ei fod wedi meistroli'r gwaith a'i bod hi eisiau gwneud unrhyw beth y gall hi i'w helpu.

Mae Martin nawr yn cwblhau ei geisiadau ar gyfer y coleg. Bu'n rhaid iddo ddioddef teithiau o gwmpas colegau, gan gynnwys cwrdd â myfyrwyr. Llwyddodd i ymdopi â hyn drwy gael ei rieni i wneud y siarad. Doedd ei fam ddim yn gwrthwynebu. A dweud y gwir, roedd hi'n teimlo ei bod hi'n amddiffyn ei mab. Atgoffodd ef y byddai'n tyfu allan o'i deimladau anghyfforddus.

"Dwi'n siŵr y byddi di wrth dy fodd yn y coleg," meddai ei fam. "Ti'n fyfyriwr mor dda. Bydd y gweddill yn dod yn naturiol."

Dyw Martin ddim mor siŵr. Mae'n poeni'n fawr sut bydd e'n ymdopi â rhannu ystafell, bwyta yn y ffreutur, a bod yng nghwmni cymaint o blant yr un oedran ag e. Mae'n ystyried mynd i'r coleg ar-lein. Mae ei rieni yn ei sicrhau eu bod nhw'n hapus i'w gael gartref am flwyddyn arall a'i fod yn dechrau'r coleg ar-lein. Ond nid dyna mae Martin eisiau mewn gwirionedd.

Mewn priodas deuluol yn ddiweddar, yfodd Martin alcohol am y tro cyntaf. Sylwodd ei fod yn llai pryderus yn siarad â'i gefndryd a phobl ifanc eraill o'r un oed. Fe wnaeth hyd yn oed ddawnsio gyda chriw o bobl ifanc. Ar ôl y briodas, darllenodd sylwadau ar-lein gan rywun yn ei arddegau â gorbryder cymdeithasol yn dweud bod alcohol yn helpu. Felly un bore, cyn mynd i'r ysgol, pan doedd ei rieni ddim yn edrych, tywalltodd Martin ddiod fach i'w hun. Roedd yn gobeithio y byddai'n lleddfu ei nerfau yn y dosbarth. *Os yw hyn yn gweithio,* meddai wrth ei hun, *efallai mai dyma'r allwedd i fy helpu i ymdopi yn y coleg.*

Defnyddiodd Martin gyfuniad o ymddygiadau osgoi a diogelwch. Pa rai sylwaist ti arnyn nhw? Dyma ambell un. Elli di ddod o hyd i rai eraill?

Ymddygiad osgoi:

- ddim yn cymdeithasu â phlant eraill
- ddim yn codi ei law yn y dosbarth

- cynllunio i fynychu'r coleg ar-lein
- eisiau byw gartref ar ôl gadael yr ysgol uwchradd.

Ymddygiad diogelwch:

- cael ei sicrhau y bydd 'yn dod drosto'
- cael caniatâd i roi cyflwyniadau preifat i'w athrawon
- cael ei rieni i siarad ar ei ran wrth ymweld â cholegau
- yfed alcohol mewn partïon ac yn yr ysgol.

Gyda rhai o'r ymddygiadau diogelwch hyn, fe sylwi di nad dim ond Martin sydd wrthi – mae eraill hefyd yn gweithredu fel galluogwyr. Roedd mam Martin a Mrs. Chu yn meddwl eu bod nhw'n helpu Martin drwy ei gadw'n ddiogel. Efallai eu bod yn llawn bwriadau da, ond doedden nhw ddim yn sylweddoli bod eu help yn gwneud mwy o ddrwg nag o les.

Dyna'r broblem wrth ddefnyddio naill ai ymddygiad osgoi neu ymddygiad diogelwch, neu'r ddau: efallai y byddi di'n teimlo'n well pan fyddi di'n eu gwneud nhw oherwydd mae'n ymddangos eu bod nhw'n lleihau dy orbryder yn y foment honno. Rwyt ti'n teimlo'n llai pryderus os nad wyt ti'n codi dy law, neu ddim yn mynd i'r parti anghyfforddus, neu wrth adael i dy fam dy amddiffyn. Ond paid â thwyllo dy hun! Dyw'r pethau hyn ddim yn cynnig ateb hirdymor. Mae'r hyn sy'n teimlo'n dda nawr yn debygol o deimlo'n waeth maes o law.

BOD YN GAETH I ORBRYDER

Mae Juanita yn cofio'r tro diwethaf iddi fynd i ymarfer pêl-droed – baglodd hi a gwnaeth rhai o'r disgyblion chwerthin am ei phen. Mae hi'n sicr y byddan nhw'n chwerthin am ei phen hi eto, felly mae hi'n dweud wrth ei mam nad yw hi'n mynd i ymarfer heddiw.

"Os ei di," meddai ei mam, "efallai y cei di fwy o hwyl y tro 'ma – ti'n gwybod, pawb yn chwerthin gyda'ch gilydd."

"Na, Mam," meddai Juanita. "Dwi'n casáu pan mae rhai yn chwerthin ar fy mhen i. Dyw e ddim yn hwyl."

"Ro'n i'n meddwl ei fod yn hwyl pan sgoriais di'r gôl wych 'na," meddai ei mam.

Mae Juanita'n stopio am eiliad. "Mam, wyt ti wir yn meddwl y galla i sgorio gôl arall?"

"Wrth gwrs!" meddai ei mam.

Ond dyw hynny ddim yn ddigon o hyd i Juanita. Dyw hi ddim wedi anghofio'r chwerthin ar ôl iddi syrthio yn yr ymarfer. Wrth gofio amdano nawr, mae hi'n teimlo panig. Felly mae hi'n 'styfnigo.

"Fel dwedes i, dydw i ddim yn mynd."

Fel hyn, mae ymddygiad osgoi a diogelwch yn cynnal ac yn bwydo gorbryder cymdeithasol. Yr ymddygiad osgoi ddefnyddiodd Juanita oedd gwrthod mynd i ymarfer. Ei hymddygiad diogelwch oedd gofyn am sicrwydd gan ei mam y byddai'n sgorio gôl arall. Trwy ganolbwyntio ar fethiannau'r gorffennol, rwyt ti'n stopio dy hun rhag wynebu'r risg o sefyllfa gymdeithasol anghyfforddus arall. Os wyt ti'n cymryd y risg honno, rwyt ti'n dal i chwilio am dystiolaeth i gefnogi dy ofnau gwaethaf. Sut bynnag, rwyt ti'n debygol o fethu sylwi ar unrhyw arwyddion o gymeradwyaeth, anwyldeb, neu gefnogaeth gan eraill. Yn hytrach, rwyt ti'n gadael i bopeth maen nhw'n ei wneud neu'n ei ddweud fwydo dy feddyliau negyddol amdanat ti dy hun: "Mae pobl yn meddwl 'mod i'n dwp." "Dwi wastad yn baglu dros fy ngeiriau." "Mae'n rhaid i fi fod yn ddoniol drwy'r amser."

Efallai y byddi di (a dy rieni a dy ffrindiau) yn ceisio defnyddio rhesymeg i dy sicrhau nad oes bygythiad go iawn: "Dyw pobl ddim wir yn meddwl dy fod ti'n dwp." "Ti ddim wastad yn baglu dros dy eiriau." "Does dim rhaid i ti fod yn ddoniol drwy'r amser." Ond dyw rhesymeg ddim yn ddigon cryf i dorri'r cylch gorbryder. Er ein bod ni'n gwybod yn ein meddyliau doeth bod ein hofnau yn fwy nag mae angen iddyn nhw fod, mae ein hymennydd yn mynd yn gaeth i'r ofn ac yn ei waethygu. Mae'r holl ddryswch meddyliol ac emosiwn dwys yn ein perswadio ni i gredu ein hofnau. Felly rydyn ni'n parhau ag ymddygiad osgoi a diogelwch sy'n gwneud i ni deimlo'n llai pryderus, ac rydyn ni'n parhau yng nghrafangau gofid. Mae fel cael dy ddal yn gaeth.

Nid yn unig mae gorbryder cymdeithasol yn achosi straen yn dy fywyd nawr, ond gall effeithio ar dy ddyfodol di hefyd. Mae astudiaethau'n dangos bod gorbryder cymdeithasol heb ei drin yn tueddu i waethygu dros amser. Mae osgoi yn arwain at fwy o osgoi. Er enghraifft, os nad wyt ti'n cael cyswllt llygad â rhywun sy'n dweud helô wrthot ti cyn yr ysgol, bydd hi'n anoddach cael cyswllt llygad ag ail neu drydydd person amser cinio. A gall yr ymddygiadau hyn ymestyn i sefyllfaoedd eraill. Er enghraifft, os wyt ti'n gadael i dy rieni siarad ar dy ran wrth archebu mewn bwyty heddiw, efallai y bydd eu hangen nhw arnat ti i siarad ar dy ran mewn cyfweliad am swydd yr wythnos nesaf. Fel hyn, rwyt ti'n adeiladu ofn yn lle ei oresgyn.

Gall gorbryder cymdeithasol heb ei drin arwain at iselder. Fe welson ni ddechrau hynny gyda Steffie, pan guddiodd hi yn ei hystafell drwy'r penwythnos. Mae'n gallu arwain at gam-drin sylweddau hefyd, fel y gwelson ni gyda Martin, a drodd at alcohol. Dros amser, gall gorbryder cymdeithasol heb ei drin ymyrryd â phrofiadau mawr bywyd, fel perthnasoedd, addysg, a datblygiad gyrfa. Alla i ddim dweud wrthot ti faint o oedolion dwi wedi'u helpu a oedd wedi gwrthod swydd y bydden nhw wedi dwli arni a rhagori ynddi oherwydd bod angen gwneud cyflwyniadau cyhoeddus ynddi.

Dydw i ddim yn ceisio dy ddychryn di â'r wybodaeth yma. Ond dwi eisiau i ti feddwl am dy ddyfodol. Dwi am i ti ofyn y cwestiynau anodd hyn i ti dy hun: *Ydw i eisiau trechu fy ngorbryder? Ydw i eisiau gweithio i gael dyfodol gwell i fi fy hun? Ydw i'n fodlon rhoi'r gorau i osgoi sefyllfaoedd neu greu diogelwch i fi fy hun, a gweithio tuag at ateb tymor hir?*

TORRI'N RHYDD

Rwyt ti'n gallu torri'n rhydd o garchar meddwl gorbryder cymdeithasol. Mae'r rhaglen dwi'n ei rhannu yn y llyfr hwn yn defnyddio technegau *therapi ymddygiad gwybyddol* (CBT: *cognitive behavioural therapy*). Dysgu sut i ddefnyddio pŵer dy feddwl i newid dy ymddygiad, dyna yw CBT. Mae newid dy ymddygiad, yn ei dro, yn ailhyfforddi dy ymennydd fel nad oes rhaid i ti brofi gorbryder mewn sefyllfaoedd cymdeithasol.

Nid fi'n bersonol a ddyfeisiodd hanfodion Rhaglen Lleddfu Gorbryder Cymdeithasol CBT na'r ddamcaniaeth y tu ôl iddi. Mae fersiynau wedi cael eu defnyddio'n helaeth ers blynyddoedd ac maen nhw wedi bod yn effeithiol iawn wrth helpu pobl o bob oed i drechu eu gorbryder a phroblemau tebyg eraill. Mae'n hawdd addasu'r rhaglen hon i amgylchiadau sy'n newid. Er enghraifft, dyw'r bobl ifanc yn eu harddegau y byddi di'n eu cyfarfod yn y llyfr hwn ddim yn gorfod cadw pellter cymdeithasol na dysgu ar-lein. Ond os wyt ti'n profi gorbryder cymdeithasol yn y sefyllfaoedd hynny, galli di ddefnyddio'r un egwyddorion ac arferion.

Yn y bennod ganlynol, dwi'n egluro sut mae Rhaglen Lleddfu Gorbryder Cymdeithasol CBT yn gweithio. Yna bydda i'n dy dywys, gam wrth gam, drwy'r rhaglen yn y penodau sy'n weddill. Yn y bôn, byddi di'n rhoi'r gorau i ddefnyddio ymddygiad osgoi a diogelwch. Yn hytrach, byddi di'n gwneud arbrofion a fydd, yn raddol, yn llacio gafael dy orbryderon ynot ti. Cyn i hyn godi gormod o ofn arnat ti – dwi'n gwybod bod y syniad o wynebu dy ofnau yn gallu bod yn frawychus – dal ati i ddarllen i ddysgu mwy am sut mae'r rhaglen yn gweithio a sut mae wedi helpu cannoedd o bobl ifanc yn eu harddegau fel ti.

PENNOD 2

Grym gwybodaeth

Yn y bennod ddiwetha, fe wnaethon ni gyfarfod â thri pherson ifanc yn eu harddegau â gorbryder cymdeithasol. Roedd Steffie yn anghyfforddus yng nghwmni unrhyw un oedd ddim yn ffrind agos. Roedd Martin yn ofni wynebu bywyd coleg. Roedd Juanita yn bryderus ar y cae pêl-droed, er ei bod hi'n wych yn y gêm. Roedd pob un ohonyn nhw'n wynebu canlyniadau difrifol oherwydd eu gorbryder. Roedd Steffie mewn perygl o dorri cysylltiad â phob sefyllfa gymdeithasol. Roedd Martin ar fin cefnu ar ei gynlluniau i fynd i'r coleg. Roedd Juanita ar fin rhoi'r gorau i chwarae pêl-droed. Yn y pen draw, doedd dim rhaid i'r un ohonyn nhw brofi'r canlyniadau negyddol roedden nhw'n eu hofni fwyaf. Yn hytrach, fe ddilynon nhw'r Rhaglen Lleddfu Gorbryder Cymdeithasol CBT i drechu eu gorbryder cymdeithasol. Roedd angen tipyn o ymdrech, ond fe weithiodd i bob un ohonyn nhw. A does dim amheuaeth y gallai weithio i ti hefyd, os wyt ti'n barod i wneud yr ymdrech.

Yn y bennod hon, byddwn yn bwrw golwg ar y camau y byddi di'n eu dilyn wrth gwblhau'r Rhaglen Lleddfu Gorbryder Cymdeithasol CBT ar gyfer yr arddegau. Gan y bydd angen i ti ddod yn arbenigwr arnat ti dy hun yn y broses hon, mae angen i ti ddeall sut mae gorbryder yn cael ei gynnal a sut mae CBT yn gweithio i fynd i'r afael ag ef.

SUT MAE CBT YN MYND I'R AFAEL Â GORBRYDER

Pan fydd gen ti orbryder cymdeithasol, mae dy feddwl yn camddehongli sefyllfaoedd cymdeithasol bob dydd fel rhai peryglus neu fygythiol. Er enghraifft, dychmyga dy fod ti'n cerdded heibio un o dy gyd-ddisgyblion sy'n brysur ar ei ffôn. Pan dyw e ddim gwenu arnat ti, mae dy feddwl gorbryderus yn cael yr un meddyliau â phe bai'r disgybl wedi dy alw di'n lembo. Yn seiliedig ar y camddehongliad hwn – a heb unrhyw dystiolaeth i'w gefnogi – mae dy feddwl yn rhagfynegi pethau enbyd ac eithafol. Efallai y bydd dy feddwl yn rhagweld, er enghraifft, bod y cyd-ddisgybl yn tecstio pethau ofnadwy amdanat ti at bobl eraill. Yn seiliedig ar ragfynegi ffug, mae dy feddwl yn gwneud ymdrechion annoeth i dy amddiffyn. Gallai fynnu, er enghraifft, dy fod ti'n osgoi pob gweithgaredd lle mae'r cyd-ddisgybl 'bygythiol' hwn yn bresennol. Neu efallai y bydd dy feddwl yn gwneud i ti ofyn i dy ffrindiau a oeddet ti wedi gwneud rhywbeth i ddigio hwnnw. Yn gryno, mae dy feddwl yn gwneud i ti gymryd rhan mewn ymddygiadau osgoi a diogelwch.

Yn y rhaglen hon, byddi di'n rhoi dy ragfynegiadau ar brawf gam wrth gam i weld a ydyn nhw'n wir. Fel hyn, byddi di'n gweithio gyda dy feddwl dy hun i leihau'r grym sydd ganddyn nhw drosot ti.

MAGL MEDDYLIAU AWTOMATIG

Roedd Aaron Beck, y gwyddonydd a greodd therapi gwybyddol dros hanner can mlynedd yn ôl, yn deall bod ein meddyliau'n rheoli sut rydyn ni'n teimlo ar unrhyw foment benodol. Mae meddwl sy'n dueddol o orbryderu yn creu meddyliau sy'n gwneud i sefyllfaoedd ymddangos yn beryglus mewn rhyw ffordd. Mae'n gwneud hyn hyd yn oed mewn sefyllfaoedd niwtral na ddylen nhw achosi clychau rhybudd i ganu.

Meddyliau awtomatig yw enw Dr Beck ar y mathau hyn o feddyliau dryslyd, negyddol ac afresymol. Mae'r meddyliau pryder hyn yn awtomatig oherwydd eu bod yn digwydd yn reddfol. Rwyt ti'n meddwl yn awtomatig, *Dydyn nhw ddim yn fy hoffi i neu Maen nhw'n meddwl 'mod i'n od* neu *dydw i ddim yn ddigon da.* Dwyt ti ddim eisiau meddwl fel hyn – ond dwyt ti ddim yn gallu peidio. Mae fel petai dy ymennydd yn rhedeg ar ras.

Mae'r meddyliau hyn yn meddiannu dy feddwl ac, o ganlyniad, dy ymddygiad. Hyd yn oed os wyt ti'n gwybod yn rhesymegol nad yw'r meddyliau hyn yn gwneud synnwyr neu eu bod yn camliwio'r hyn sy'n digwydd, mae grym aruthrol ganddyn nhw drosot ti. Dwi'n hoffi eu galw nhw'n *wallau meddwl.* Gall ein hymennydd wneud pob math o gamgymeriadau, ac mae gwallau meddwl yn un math ohonyn nhw. Mae unigolion sydd â gorbryder cymdeithasol yn gwneud gwallau meddwl gwahanol. Ond maen nhw i gyd yn arwain at yr un canlyniad: maen nhw'n creu gorbryder.

I ddianc rhag y gorbryder sy'n cael ei achosi gan dy wallau meddwl, mae'n demtasiwn cymryd rhan mewn ymddygiadau osgoi a diogelwch. Y broblem yw bod hyn yn gwaethygu dy orbryder mewn gwirionedd. Er enghraifft, meddylia am Steffie yn ystod amser cinio. Mae hi'n tecstio ei ffrindiau gorau am ei chynlluniau amser cinio ond dyw hi ddim yn clywed yn ôl gan y naill na'r llall. Mae hi'n poeni os bydd hi'n mynd i'w lle cyfarfod arferol, cyntedd y gampfa, na fydd ei ffrindiau gorau hi yno. Mae hi'n mentro ac yn mynd yno beth bynnag. Pan mae'n cyrraedd, wrth reswm, does dim sôn am ei ffrindiau gorau. Mae dau ddisgybl hŷn dyw hi ddim yn eu hadnabod yn dda yno. Ar unwaith, mae ei hofn yn saethu i fyny wrth iddi ddychmygu beth maen nhw'n meddwl ohoni. Ei gwallau meddwl yw: *Maen nhw'n meddwl 'mod i'n od ac yn boen* a *Dydyn nhw ddim eisiau fi yma.*

Mae un o'r disgyblion hŷn yn dweud, "Haia."

Mae Steffie yn mwmial yn gyflym rywbeth am astudio ar gyfer cwis Sbaeneg. Yna mae hi'n mynd ar wib i'r llyfrgell, gan deimlo rhyddhad o fod allan o'r sefyllfa.

Problem wedi'i datrys? Na. A dweud y gwir, roedd ymateb Steffie wedi gwaethygu ei phroblem. Oedd, roedd hi'n teimlo rhyddhad ar ôl dianc rhag y disgyblion a oedd, yn ôl ei gwallau meddwl, ddim eisiau bod yn ei chwmni. Ond roedd rhedeg i ffwrdd yn cryfhau ei hofn ohonyn nhw. Y tro nesaf y bydd hi'n eu gweld nhw, bydd hi'n fwy gorbryderus, nid llai. Dyma pam mae dibynnu ar ymddygiadau osgoi a diogelwch yn achosi problemau.

Mae lleddfu gorbryder yn wobr gryf i dy ymennydd. Mae'n debyg i roi gwobr i gi i'w gael i berfformio tric. Dyw'r ci ddim yn gallu meddwl am ddim byd heblaw sut i gael y wobr. Yn yr un modd, mae ymennydd Steffie â chymaint o eisiau'r rhyddhad y mae'n ei gael o redeg i'r llyfrgell, bydd yn parhau i roi pwysau arni i redeg, hyd yn oed os yw gorbryder Steffie yn gwaethygu o ganlyniad.

Mae ymddygiadau osgoi a diogelwch hefyd yn cryfhau gorbryder trwy beidio â rhoi cyfle i ti ddysgu rhywbeth newydd. Beth petai'r disgybl a ddywedodd "haia" ar fin dweud wrth Steffie bod ei chrys chwys yn cŵl? Roedd mynd i'r llyfrgell wedi atal Steffie rhag dysgu hynny.

Mae ymddygiadau osgoi a diogelwch hefyd yn dy atal di rhag dysgu y galli di oddef rhywfaint o orbryder. Beth petai Steffie wedi aros yng nghyntedd y gampfa a'r disgyblion hŷn wedi gadael llonydd iddi? Efallai y byddai wedi dysgu bod ei gwall meddwl, *Dydyn nhw ddim eisiau fi yma*, wedi achosi lefel isel o orbryder yn unig iddi. Efallai y byddai hi wedi darganfod ei bod hi'n gallu ymdopi â'r lefel isel honno o orbryder. O ganlyniad, byddai ei chred yn ei gwall meddwl wedi lleihau.

Tra byddi di'n credu yn dy wallau meddwl, bydd grym ganddyn nhw drosot ti. Os galli di roi'r gorau i dy gred yn dy wallau meddwl – beth bynnag rydyn nhw – galli di leihau dy orbryder. Gallet ti hyd yn oed gael gwared arnyn nhw'n llwyr. Yn y bôn, drwy gredu llai yn dy wallau meddwl, mae CBT yn lleddfu dy orbryder cymdeithasol. Dyma beth yw grym gwybodaeth!

MAE AMLYGU YN RHOI CYFLE I DY YMENNYDD AILWEIRIO'I HUN

Wrth gwrs, byddai'n wych petaet ti'n gallu newid dy gredoau drwy rym ewyllys yn unig. Dwi'n eithaf sicr dy fod ti wedi ceisio ymresymu am wirionedd dy gredoau ar ryw adeg neu'i gilydd. Neu os nad wyt ti wedi gwneud hynny, mae dy rieni, dy ffrindiau, dy athrawon, neu eraill wedi ceisio dy helpu i weld rheswm. Ond dyw gorbryder ddim yn rhesymol fel arfer, a dyw gorfodi dy hun i feddwl yn fwy rhesymegol ddim yn ei wella.

Y ffordd gyflymaf a mwyaf effeithiol o newid dy gredoau yw drwy newid dy ymddygiad. Efallai dy fod wedi rhoi cynnig ar hyn ar dy ben dy hun. Efallai dy fod wedi magu plwc i ddweud helô wrth y bachgen rwyt ti'n ei ffansïo. Ond wedyn doeddet ti ddim wedi gallu gwneud hynny oherwydd dy orbryder. Mae'n debyg bod hynny wedi digwydd oherwydd doedd gen ti ddim ffordd effeithiol o wynebu dy orbryder. Mae'r rhaglen CBT yn y llyfr hwn yn cywiro hynny trwy dy arwain drwy broses amlygu – *exposure*. Yn y bôn, mae techneg amlygu yn golygu wynebu'n raddol sefyllfa sy'n sbarduno dy orbryder, heb ddefnyddio unrhyw ymddygiadau osgoi nac ymddygiadau diogelwch. Mae amlygu dy hun i sefyllfaoedd yn rhoi cyfle i dy ymennydd *ailweirio*, iddo ddysgu credoau ac ymddygiadau gwahanol.

Yn Rhaglen Lleddfu Gorbryder Cymdeithasol CBT, byddi di'n gwneud arbrofion amlygu a fydd yn dy alluogi i gael gwybodaeth sy'n gwrth-ddweud dy gredoau sy'n seiliedig ar ofn. A dweud y gwir, mae ymchwil wedi dangos mai amlygu yw'r dechneg fwyaf effeithiol i leddfu gorbryder. Mae miliynau o unigolion o bob oed wedi defnyddio CBT i drechu eu gorbryder trwy wynebu eu hofnau yn raddol. Trwy amlygu, bydd dy ymennydd yn dysgu bod yn llai ofnus ac yn llai gorbryderus. Mae amlygu yn dy alluogi di i weld nad yw'r hyn rwyt ti'n ei ofni fwyaf yn digwydd mewn gwirionedd.

Hynny yw, mae newid dy *ymddygiad* (drwy wynebu sefyllfaoedd rwyt ti'n eu hofni, heb wneud yr ymddygiadau rwyt ti wedi dibynnu arnyn nhw i ymdopi â dy orbryder cymdeithasol) yn newid dy *wybyddiaeth* (meddyliau). Mae hyn, yn gryno, yn disgrifio proses therapi ymddygiad gwybyddol.

Dwi'n gwybod efallai fod hyn i gyd yn dal i swnio'n frawychus. Mae llawer o bobl ifanc yn eu harddegau yn dweud hyn wrtha i. Dwi'n gofyn i ti ymddiried ynof i – a'r wyddoniaeth y tu ôl i CBT – i dy arwain. Yn y llyfr hwn, byddi di'n dysgu sut i ddefnyddio CBT i drechu dy orbryder cymdeithasol. Byddi di'n gallu penderfynu bob cam o'r ffordd pa mor gyflym rwyt ti am weithio drwy'r rhaglen a faint rwyt ti am dy herio dy hun. Bydd gen ti wybodaeth a dulliau CBT yn dy dywys, sy'n golygu y byddi di'n gallu ymdopi â dy ymdrechion ac y byddan nhw'n llwyddiannus. Byddi di'n dysgu defnyddio'r hyn mae clinigwyr mwyaf effeithiol y byd yn ei ddefnyddio i helpu miliynau i leddfu eu gorbryder.

PUM CAM DY RAGLEN LLEDDFU GORBRYDER CYMDEITHASOL CBT

Mae dy raglen CBT yn cynnwys pum cam, a byddi di'n eu dilyn yn eu trefn. Wrth i ti weithio drwy'r rhaglen, byddi di'n dilyn pob un o'r camau hyn, bob tro y byddi di'n wynebu sefyllfa newydd. Dyma'r camau:

1. creu rhestr o sefyllfaoedd sy'n sbarduno gorbryder
2. adnabod ymddygiadau osgoi a diogelwch
3. adeiladu ysgol amlygu
4. cynnal arbrawf amlygu
5. dringo rhagor o risiau ar yr ysgol.

Gad i ni weld sut mae'r broses gyfan hon yn gweithio gydag enghraifft o fywyd go iawn. Ar ôl bwrw golwg fras ar bob cam, byddi di'n darllen adroddiad Steffie i weld beth wnaeth hi yn y cam hwnnw. Yn y penodau sy'n dilyn, bydda i'n esbonio sut galli di wneud pob cam dy hun.

Paid â phoeni os na fyddi di'n deall y manylion i gyd i ddechrau. Y pwynt yma yw cael ymdeimlad o'r broses gyffredinol. Cyn i ti gytuno i wneud y rhaglen CBT hon, dwi am i ti wybod beth rwyt ti'n cytuno i wneud!

Cam 1. Creu rhestr o sefyllfaoedd sy'n sbarduno gorbryder.

Yn gyntaf, byddi di'n talu sylw i'r sefyllfaoedd lle'r wyt ti'n teimlo gorbryder am gael dy feirniadu'n negyddol gan eraill, neu'n cadw golwg arnyn nhw. *Sefyllfaoedd sbardun* yw'r enw ar y sefyllfaoedd hyn, oherwydd eu bod yn sbarduno teimladau o orbryder, ofn, neu anesmwythyd. Yng Ngham 1, byddi di'n creu rhestr o dy sefyllfaoedd sbardun.

Adroddiad Steffie

Fe feddyliais i am yr holl sefyllfaoedd cymdeithasol sy'n fy ngwneud i'n orbryderus, o'r adeg pan dwi'n gadael y tŷ i pan dwi'n mynd i'r gwely. Fe wnes i ysgrifennu yn fy nyddiadur am yr holl sefyllfaoedd sy'n fy ngwneud i'n anghyfforddus bob dydd o'r wythnos. Partïon a siarad â phlant dydw i ddim yn eu hadnabod yw'r prif rai. Mae'r ddau yma'n codi arswyd arna i! Partïon yw'r gwaethaf. Yn ffodus, dydyn nhw ddim yn cael eu cynnal yn aml. Ond dwi fod i siarad â phlant dydw i ddim yn eu hadnabod sawl gwaith y dydd.

Dros y dyddiau diwethaf, dwi wedi cadw golwg ar bob sefyllfa sy'n sbarduno fy ngorbryder. Dwi wedi sylweddoli bod mwy o sefyllfaoedd nag ro'n i wedi meddwl. Er enghraifft, dwi wastad wedi osgoi gemau pêl-fasged a phêl-droed yr ysgol. Byddwn i'n fy argyhoeddi fy hun 'mod i ddim yn hoffi'r digwyddiadau hynny ac y dylwn i astudio yn lle cymryd rhan ynddyn nhw. Fe wnes i hefyd adnabod sefyllfaoedd eraill sy'n fy ngwneud i'n anghyfforddus. Er enghraifft, mae cerdded drwy brif fynedfa'r ysgol pan mae'r disgyblion poblogaidd i gyd yno yn lletchwith iawn. Penderfynais ychwanegu'r digwyddiadau hynny at fy rhestr o sefyllfaoedd sbardun. Dyma fy rhestr:

- partïon
- mynd i mewn drwy brif gât yr ysgol
- cerdded o amgylch yr ysgol
- siarad â disgyblion dydw i ddim yn eu hadnabod yn dda
- sefyll mewn ciw yn y ffreutur
- amser cinio
- dawnsfeydd
- digwyddiadau chwaraeon.

Cam 2: Adnabod ymddygiadau osgoi a diogelwch.

Fel y buon ni'n trafod ym mhennod 1, mae *ymddygiadau osgoi* yn cyfeirio at yr hyn rwyt ti'n ei wneud i osgoi bod mewn sefyllfa sbardun. Mae hyn yn cynnwys dianc o sefyllfa ar ôl i ti sylweddoli ei bod hi'n sefyllfa sbardun i ti. *Ymddygiadau diogelwch* yw'r pethau rwyt ti'n eu dweud neu'n eu gwneud i'w gwneud hi'n llai tebygol y byddi di'n teimlo'r gorbryder rwyt ti'n ei ddisgwyl mewn sefyllfa sbardun benodol. Yng Ngham 2, byddi di'n nodi'r ymddygiadau osgoi a'r ymddygiadau diogelwch rwyt ti'n ei ddefnyddio ym mhob un o dy sefyllfaoedd sbardun.

Adroddiad Steffie

Yng ngham 2, fe driais i ddeall sut dwi'n delio â fy ngorbryder ym mhob un o fy wyth sefyllfa sbardun.

Edrychais ar yr holl enghreifftiau o ymddygiadau osgoi a diogelwch sydd wedi'u rhestru yn y llyfr hwn ac fe sylweddolais i 'mod i'n gwneud llawer ohonyn nhw.

Wrth feddwl am y sefyllfa sbardun o fynd i mewn drwy brif gât yr ysgol, fe sylweddolais i 'mod i'n teimlo straen oherwydd bod llawer o blant yn hel at ei gilydd yno, yn enwedig y disgyblion poblogaidd. Pan dwi'n cyrraedd yno, dwi'n edrych i weld faint o bobl sydd yno. Os oes gormod yno, dwi'n mynd at y gât ochr. Neu dwi'n rhoi fy nghlustffonau ar fy mhen ac yn rhuthro drwy'r brif gât, fel petawn i'n hwyr, hyd yn oed os nad ydw i.

Ar gyfer y sefyllfa sbardun o gerdded o amgylch yr ysgol, dwi'n ceisio dod o hyd i fy ffrindiau gorau. Fel arfer dwi'n tecstio i weld ble fyddan nhw, ond yn aml maen nhw'n rhy brysur i decstio'n ôl. Felly, dwi'n tecstio eto os nad ydw i'n eu gweld nhw ble rydyn ni fel arfer yn cyfarfod. Os dwi heb glywed ganddyn nhw eto, dwi'n mynd i fy locer, hyd yn oed os nad oes angen i mi, jest i edrych fel 'mod i'n gwneud rhywbeth.

Fe wnes i nodyn o'r ymddygiadau hyn ar gyfer y ddwy sefyllfa sbardun gyntaf. Hyd yn hyn, mae fy rhestr o ymddygiadau osgoi a diogelwch yn edrych fel hyn:

Mynd i mewn drwy brif gât yr ysgol

- Mynd i mewn drwy gât arall
- Defnyddio clustffonau
- Edrych i weld faint o bobl sydd yno
- Rhuthro

Cerdded o amgylch yr ysgol

- Dibynnu ar ffrindiau gorau am ddiogelwch
- Tecstio ffrindiau gorau i wybod ble maen nhw

- Osgoi llefydd anniogel
- Cymryd arna i 'mod i'n brysur

Cam 3. Adeiladu ysgol amlygu.

Ar ôl i ti greu dy restr o sefyllfaoedd sbardun a dod i wybod beth yw dy ymddygiadau osgoi a diogelwch, byddi di'n rhoi sgôr i faint o ofn rwyt ti'n ei deimlo ym mhob sefyllfa pan fyddi di ddim yn troi at unrhyw ymddygiadau osgoi a diogelwch. Byddi di'n defnyddio graddfa o'r enw SUDS – sy'n cael ei disgrifio yn y bennod nesaf – i roi sgôr.

I greu ysgol amlygu, byddi di'n rhestru dy holl sefyllfaoedd sbardun yn ôl faint o ofn rwyt ti'n ei deimlo ym mhob un, o'r isaf (ar y gwaelod) i'r uchaf (ar y brig). Mae creu ysgol amlygu yn rhoi cynllun cyffredinol i ti y galli di ei ddilyn i fynd ati'n raddol i wynebu'r sefyllfaoedd sy'n dy sbarduno.

Dyma ysgol amlygu Steffie ar gyfer mynd i mewn drwy brif gât yr ysgol.

4. Rhuthro (SUDS 6)

3. Mynd i mewn drwy gât arall (SUDS 5)

2. Defnyddio clustffonau (SUDS 5)

1. Edrych i weld faint o bobl sydd yno (SUDS 4)

Cam 4. Cynnal arbrawf amlygu.

Byddi di'n gwneud hyn fel y byddet ti'n gwneud arbrawf gwyddoniaeth. Byddi di'n rhagfynegi'r canlyniad ac yn sgorio faint rwyt ti'n credu dy ragfynegiad. Byddi di hefyd yn sgorio lefel dy orbryder cyn ac ar ôl yr amlygu.

Gan amlaf, byddi di'n dechrau â'r sefyllfa sbardun sydd isaf ar dy ysgol amlygu – yr un rwyt ti'n ei ofni leiaf. Byddi di'n dewis yr ymddygiadau osgoi a diogelwch rwyt ti'n fodlon cael gwared arnyn nhw yn y sefyllfa honno. Byddi di'n parhau i dy amlygu dy hun i sefyllfaoedd nes y byddi di wedi cwblhau'r holl risiau ar dy ysgol yn llwyddiannus a rhoi'r gorau i bob ymddygiad osgoi a diogelwch. Meddylia am dy amlygu fel ymarfer: mae angen i ti ymarfer gwneud rhywbeth gwahanol cyn i ti deimlo'n gyfforddus yn ei wneud e.

Adroddiad Steffie

Gwnes i addo i fi fy hun y byddwn i'n gweithio ar fy ysgol amlygu gyntaf, gan ddechrau ar y gris isaf, sef mynd i mewn drwy'r brif gât heb edrych i weld faint o bobl sydd yno.

Pan gyrhaeddais i'r ysgol, fe wnes i wisgo fy nghlustffonau. Ro'n i'n gallu gwneud hynny oherwydd defnyddio clustffonau yw'r ymddygiad diogelwch ar gyfer y gris nesaf ar fy ysgol. Wrth fynd drwy'r brif gât, roeddwn i'n canolbwyntio ar fy ngherddoriaeth. Fe wnes i ruthro ychydig ond edrychais i ddim i weld faint o ddisgyblion oedd yno. Ces i fy synnu 'mod i heb gael fy nhemtio i ddefnyddio gât ochr. Roedd yr amlygu'n haws na'r disgwyl!

Ar ôl gwneud hynny, nodais fy sgôr gorbryder. Sgôr SUDS o ddim ond 3. Sgôr is nag ro'n i wedi'i ddisgwyl (sef 4). Ro'n i hefyd wedi dweud ymlaen llaw 'mod i'n credu 100 y cant yn fy nisgwyliad y byddwn i'n chwysu ac yn teimlo panig petawn i'n mynd drwy'r brif gât. Ond ddigwyddodd hynny ddim. Ar ôl amlygu am y tro cyntaf, aeth fy nghred yn y rhagfynegiad hwnnw i lawr i 50 y cant. Roedd gen i ddata go iawn yn dangos i fi fod pethau'n newid. A hynny er gwell!

Fe benderfynais i ailadrodd y gris yma rhag ofn mai ffliwc oedd fy ymgais gyntaf. Ond nid ffliwc oedd e, ac erbyn diwedd yr wythnos ro'n i'n barod am y gris nesaf ar yr ysgol. Roedd y gris hwnnw'n haws na'r disgwyl hefyd.

Fe ges i ychydig o anhawster â'r gris olaf ar yr ysgol. Mae'n debyg ei bod hi'n anodd i mi beidio â rhuthro. Un bore, fe ges i fy nal mewn criw mawr wrth y gât a cheisio rhuthro trwodd. Doedd hynny ddim yn gweithio, felly fe ges i banig a rhedeg i'r gât ochr. Drannoeth, fe gymerais i gam yn ôl a mynd i lawr gris o'r ysgol er mwyn wynebu sefyllfaoedd haws cyn 'mod i'n barod i roi cynnig ar un anoddaf eto. Pan ddaeth yr amser, llwyddais i gerdded drwy'r brif gât heb wneud dim ymddygiadau osgoi nac ymddygiadau diogelwch. Y peth mwyaf anhygoel oedd 'mod i'n gallu ei wneud ddydd ar ôl dydd, gan deimlo dim mwy na gorbryder ysgafn.

Cam 5. Dringo rhagor o risiau ar yr ysgol.

Ar ôl i ti dy amlygu dy hun ddigon o weithiau i deimlo'n gyfforddus ar ris penodol o dy ysgol amlygu, byddi di'n symud i fyny i'r gris nesaf. Ar ôl i ti gwblhau'r holl risiau ar yr ysgol honno, byddi di'n dewis sefyllfa sbardun i fynd i'r afael â hi nesaf a chreu ysgol ar ei chyfer.

Adroddiad Steffie

Ar ôl amlygu am y tro cyntaf, ro'n i wedi cyrraedd cam 5: dringo rhagor o risiau ar yr ysgol. Llwyddais i ddringo'r grisiau hynny. Yna es i'n ôl at fy rhestr o sefyllfaoedd sbardun fel 'mod i'n gallu dechrau ysgol arall. Gwelais i mai cerdded o amgylch yr ysgol ar fy mhen fy hun oedd y sefyllfa anoddaf nesaf. Ro'n i'n meddwl y gallai fod yn haws nawr 'mod i'n gallu cerdded drwy'r brif gât heb wneud unrhyw ymddygiadau osgoi neu ddiogelwch. Ar y pwynt hwn, ro'n i'n magu hyder ac yn awyddus i ddal ati i i ddringo mwy o ysgolion!

CWESTIYNAU CYFFREDIN

Oes gen ti gwestiwn? Mae hynny'n gyffredin ar ôl dysgu am bum cam Rhaglen Lleddfu Gorbryder Cymdeithasol CBT. Dyma'r cwestiynau mwyaf cyffredin dwi'n eu cael gan bobl ifanc yn eu harddegau, ynghyd â'r atebion.

C: *Mae'r broses hon yn i'w gweld yn un anodd iawn. Beth os nad ydw i'n siŵr 'mod i'n gallu ei gwneud hi?*

A: Mae'r rhaglen CBT yn gallu bod yn heriol, mae hynny'n sicr. Er hynny, dwi wedi gweld bod y rhan fwyaf o bobl ifanc â gorbryder cymdeithasol yn gallu llwyddo gyda'r rhaglen, ac *yn* gwneud hynny. Cofia, bydd y llyfr hwn yn dy dywys, gam wrth gam, felly fyddi di ddim ar dy ben dy hun.

Mae'r cwestiwn hwn yn ymwneud â'r hyn rydyn ni'n ei alw'n *orbryder rhagweledol.* Mae hynny'n golygu y byddi di'n teimlo'n orbryderus wrth feddwl am sefyllfa yn y dyfodol lle'r wyt ti'n disgwyl teimlo'n anghyfforddus. Mae meddwl am y sefyllfa – ei rhagweld – yn ddigon i dy wneud di'n orbryderus.

Yn anffodus, gall gorbryder rhagweledol wneud i ti osgoi sefyllfa'n gyfan gwbl neu wneud mathau eraill o ymddygiadau osgoi a diogelwch sy'n dy gadw'n di'n gaeth mewn cylch gorbryder. Rwyt ti'n orbryderus am sefyllfa, felly rwyt ti'n osgoi sefyllfa. Mae hynny'n cynyddu dy orbryder. Ac mae mwy o orbryder yn dy wneud di'n fwy penderfynol o osgoi'r sefyllfa. Mae fel tiwn gron!

Mae'n bwysig gwybod bod gorbryder rhagweledol yn normal. Yn wir, mae i'w ddisgwyl. Mae'r un mor bwysig cofio nad yw bod yn orbryderus am y rhaglen CBT yn golygu na fyddi di'n gallu llwyddo ynddi. Ac nid yw chwaith yn golygu dy fod ti'n ysgwyddo mwy nag y galli di ymdopi ag ef.

I ddechrau, os wyt ti'n canolbwyntio ar yr hyn sy'n dy ddychryn, efallai y byddi di'n colli dy fuddugoliaethau bach i gyd. Os yw hyn yn digwydd, dwi'n awgrymu cymryd pum munud cyn mynd i'r gwely a chofio tri achlysur pan oeddet ti mewn sefyllfa sbardun ac wedi teimlo'n iawn. Noda'r rhain yn dy lyfr nodiadau neu ar dy ffôn. Darllena dy restr o fuddugoliaethau pryd bynnag y byddi di'n dechrau teimlo bod y broses yn mynd yn anodd.

C: *Faint o amser bydd y broses yn ei gymryd?*

A: Yr ateb byr yw mwya'n byd o sefyllfaoedd y byddi di'n dy amlygu dy hun iddyn nhw, cyflyma'n byd y byddi di'n dechrau teimlo'n well.

Wedi dweud hynny, bydd yr amser mae'n ei gymryd yn wahanol i bawb. Os wyt ti'n frwdfrydig ac yn ddisgybledig, efallai y byddi di'n dechrau teimlo rhywfaint o ryddhad bron ar unwaith. Os wyt ti wedi osgoi llawer o sefyllfaoedd cymdeithasol drwy gydol dy fywyd, gall y broses gymryd mwy o amser; efallai y bydd gen ti fwy o ysgolion amlygu i'w dringo.

Byddi di'n gweithio wrth dy bwysau, felly bydd pa mor hir y mae'n ei gymryd i gwblhau pob ysgol amlygu yn amrywio hefyd. Amla'n byd y bydd sefyllfa sbardun yn codi (neu y galli di wneud iddi ddigwydd), mwya'n byd o gyfleoedd fydd gen ti i dy amlygu dy hun i'r sefyllfa ac adeiladu llwyddiant. Er enghraifft, os mai dy sefyllfa sbardun yw cerdded o'r naill ddosbarth i'r llall, efallai y byddi di'n gallu dy amlygu dy hun i sefyllfa chwe gwaith y dydd. Ond os mai mynd i barti yw dy sefyllfa sbardun, mae'n debyg na fydd hynny'n bosib hyd yn oed unwaith yr wythnos. Bydd dewis sefyllfaoedd sy'n codi'n aml yn helpu i symud y broses yn ei blaen yn gyflymach. Os yw hynny'n swnio'n rhy heriol, paid â phoeni; bydda i'n dangos i ti sut mae rhannu sefyllfaoedd sy'n codi'n aml yn ddarnau llai fel dy fod ti'n teimlo'n hyderus yn mynd i'r afael â nhw.

C: *Dydw i ddim yn debyg i Steffie. Beth os yw'r enghreifftiau dwi wedi'u darllen hyd yn hyn ddim yn addas i fi?*

A: Fel y gwelson ni ym mhennod 1, mae sawl agwedd ar orbryder cymdeithasol. Dyw'r holl enghreifftiau ddim yn gallu rhoi sylw i'r holl agweddau gwahanol. Yn dy achos di, efallai y bydd gorbryder cymdeithasol yn golygu poeni am gael cledrau chwyslyd neu am ddefnyddio dy gyfrifiadur o flaen pobl eraill. Neu efallai mai dy orbryder cymdeithasol yw nad oes neb yn hoffi dy negeseuon di ar y cyfryngau cymdeithasol.

Ar yr wyneb, mae golwg wahanol ar bob un o'r agweddau hyn ar orbryder. Ac eto mae gan bob un ohonyn nhw'r un ofn sylfaenol yn gyffredin: y bydd pobl eraill yn meddyliau pethau negyddol amdanat ti. Mae'r penodau nesaf yn cyflwyno gorbryder cymdeithasol mewn sawl ffordd wahanol, ac yn cynnig syniadau ar gyfer amlygu i fynd i'r afael â nhw. Gydag ychydig o greadigrwydd, byddi di'n gallu cynllunio amlygu sy'n targedu dy ofnau penodol di.

PENNOD 3

Dy gronfa o ddulliau CBT

Cyn i ti ddechrau cam cyntaf dy Raglen Lleddfu Gorbryder Cymdeithasol CBT, dwi am dy gyflwyno i rai o'r dulliau y byddi di'n eu defnyddio. Tyrd yn ôl at y bennod hon pryd bynnag y byddi di'n gweithio drwy gam sy'n galw am ddulliau penodol. Mae'r gronfa o ddulliau yn cynnwys y Raddfa Unedau Anesmwythyd Goddrychol, neu SUDS – *subjective units of discomfort scale*; sgoriau cred mewn rhagfynegiad neu BIP – *belief in prediction*; a mathau o wallau meddwl.

SUDS: MESUR GORBRYDER

Nod y rhaglen CBT hon yw lleihau dy orbryder cymdeithasol fel dy fod ti'n teimlo'n gyfforddus mewn sefyllfaoedd sy'n dy wneud di'n anghyfforddus nawr. Er mwyn gwneud hyn yn llwyddiannus, mae angen i ti allu mesur lefel dy orbryder mewn gwahanol sefyllfaoedd. Y dull y byddi di'n ei ddefnyddio i wneud hyn yw'r *Raddfa Unedau Anesmwythyd Goddrychol*, neu *SUDS* yn fyr. Mae'n gweithio fel thermomedr, â sgoriau uchel ac isel ar gyfer gorbryder cymharol 'oer' neu 'boeth'.

Byddi di'n defnyddio sgoriau SUDS yn aml yn y rhaglen hon. Yn gyntaf, byddi di'n eu defnyddio i greu dy restr o sefyllfaoedd sbardun. Bydd y sgôr rwyt ti'n ei rhoi i bob sefyllfa yn dy helpu i gynllunio'r drefn rwyt ti'n amlygu, o'r peth hawsaf (SUDS isaf) i'r anoddaf (SUDS uchaf).

Yn ail, byddi di'n defnyddio sgoriau SUDS i fesur lefel dy orbryder wrth i ti weithio dy ffordd drwy dy amlygu. Mae lleihad yn dy sgoriau SUDS yn dangos dy fod ti'n dod yn fwy cyfforddus mewn sefyllfaoedd sbardun.

Gall neilltuo sgoriau SUDS dy helpu i deimlo bod gen ti fwy o reolaeth mewn sefyllfaoedd sy'n ennyn emosiynau cryf.

Y Raddfa

Bydd di'n defnyddio'r SUDS i sgorio lefel dy orbryder neu anesmwythyd ar raddfa o 0 i 10. Dyma'r raddfa:

Sgôr SUDS	Sut rwyt ti'n teimlo
0	Wedi ymlacio'n llwyr, dim gorbryder nac anesmwythyd o gwbl
1	Ychydig iawn o orbryder neu anesmwythyd, yn effro ac yn canolbwyntio'n dda
2	Ychydig o orbryder neu anesmwythyd
3	Gorbryder neu anesmwythyd ysgafn, dim effaith ar weithredu pob dydd
4	Gorbryder neu anesmwythyd ysgafn i gymedrol
5	Gorbryder neu anesmwythyd cymedrol, rhyw effaith ar weithrediad
6	Gorbryder neu anesmwythyd cymedrol i gryf
7	Eithaf gorbryderus neu anesmwyth, effaith gref ar weithrediad
8	Gorbryderus neu anesmwyth iawn, methu canolbwyntio
9	Gorbryderus ofnadwy neu'n anesmwyth iawn, iawn
10	Y gorbryder gwaethaf dwi wedi'i deimlo erioed

Efallai y byddi di am gopïo'r raddfa hon yn dy lyfr nodiadau neu dynnu llun ohoni â dy ffôn fel y galli di gael gafael arni'n gyflym yn ystod dy raglen CBT.

Dwi am bwysleisio bod sgoriau SUDS yn oddrychol – hynny yw, maen nhw'n cynrychioli dy safbwynt personol di. Does dim sgoriau SUDS cywir neu anghywir. Gallai'r hyn rwyt ti'n ei ystyried 'y gorbryder gwaethaf posib' edrych yn hollol wahanol i'r hyn y bydd rhywun arall yn ei ystyried yw'r gorbryder gwaethaf posib. Yn yr un modd, efallai na fydd yr hyn sy'n teimlo fel gorbryder ysgafn i ti yn teimlo'n ysgafn i rywun arall.

Er enghraifft, yn y sefyllfa o siarad yn y dosbarth, gall un person gael sgôr SUDS o 10, tra gallai sgôr rhywun arall fod yn 4. Does dim ots am y gwahaniaethau hyn. Maen nhw i'w disgwyl. Yr hyn sy'n bwysig yw dy fod ti'n gwybod beth mae pob sgôr SUDS yn ei olygu i ti. Drwy wneud hynny galli di fod yn gyson â dy sgoriau. I dy helpu i gyfarwyddo â'r raddfa, rho gynnig ar yr ymarfer canlynol.

Ymarfer: Fy sgoriau SUDS

Cymer ychydig eiliadau i fynd trwy bob un o'r sgoriau. Dechreua gyda 0 a gweithio dy ffordd i fyny'r raddfa i 10. Eglura beth mae pob sgôr yn ei olygu i ti drwy ofyn i ti dy hun:

- Pryd ydw i'n teimlo (neu ydw i wedi teimlo) sgôr SUDS o 0?
- Sut byddwn i'n disgrifio fy ngorbryder ar sgôr SUDS o 0?

Mae croeso i ti wneud nodiadau wrth ochr y raddfa. Cofia, dyma dy raddfa bersonol di. Gofynna'r cwestiynau hyn ar gyfer pob lefel (1, 2, 3, ac ati). Efallai y byddi di'n teimlo rhywfaint o bryder yn gwneud yr ymarfer hwn, yn enwedig pan fyddi di'n cyrraedd y sgoriau uwch. Mae hyn oherwydd dy fod ti'n gwneud dy hun yn agored i sefyllfaoedd lle'r wyt ti'n teimlo'r sgoriau hynny. Mae hyn yn beth da! Mae'n golygu dy fod ti eisoes ar dy ffordd i drechu dy orbryder cymdeithasol.

Os wyt ti'n gweld bod gwneud yr ymarfer hwn yn sbarduno dy orbryder, gwna'r ymarfer drosodd a throsodd nes y bydd lefel dy anesmwythyd wedi gostwng. Does dim ots faint o weithiau y bydd angen i ti ailadrodd yr ymarfer hwn; dwi'n addo y bydd dy anesmwythyd yn lleihau os byddi di'n cadw ato.

MESUR FAINT RWYT TI'N CREDU DY RAGFYNEGIADAU

Fel gwnaethon ni drafod ym mhennod 2, mae gwallau meddwl yn chwarae rhan fawr mewn bwydo gorbryder cymdeithasol. Bydd yr hyn rwyt ti'n ei feddwl fydd yn digwydd (ac yn ei gredu gant y cant) yn llywio sut rwyt ti'n ymdrin â sefyllfaoedd sbardun.

Er enghraifft, mae Steffie yn meddwl y bydd hi'n teimlo embaras os yw hi'n mynd i barti. Felly, mae hi'n osgoi mynd i bartïon. Os ydyn ni'n gofyn iddi ragweld beth fydd yn digwydd mewn parti, bydd hi'n rhagweld teimlo embaras. Os ydyn ni'n gofyn iddi sgorio faint mae hi'n credu yn y rhagfynegiad hwnnw, gallai ddweud 100 y cant. Mae hi'n sicr y bydd hi'n teimlo embaras!

Yn y rhaglen CBT, byddi di'n gwneud rhagfynegiadau am yr hyn rwyt ti'n meddwl fydd yn digwydd pan fyddi di'n cynnal arbrawf amlygu. Byddi di'n rhoi canran i dy gred y bydd canlyniad a ragwelwyd yn digwydd. Y ganran honno yw *sgôr dy gred mewn rhagfynegiad* (BIP – *belief in prediction*).

Er enghraifft, efallai y byddi di'n rhagweld y bydd disgyblion yn chwerthin ar dy wallt gwlyb os byddi di'n mynd i ymarfer nofio (sefyllfa sbardun). Os wyt ti'n teimlo'n sicr y bydd yr ymateb hwnnw (canlyniad a ragwelwyd) yn digwydd, byddi di'n rhoi sgôr BIP o 100 y cant iddo.

Pam mae gwneud hyn yn helpu? Oherwydd mae'n rhoi sail i ti ar gyfer cymharu. Ar ôl i ti gynnal arbrawf amlygu, byddi di'n edrych i weld a ddaeth dy ragfynegiad yn wir. Er enghraifft, efallai y byddi di'n darganfod bod y disgyblion heb chwerthin ar dy wallt gwlyb. Ond eto, hyd yn oed os nad oedden nhw wedi gwneud hynny y tro yma, rwyt ti'n poeni y byddan nhw'n gwneud hynny rywbryd eto. Felly, efallai y byddi dy sgôr BIP yn gostwng i 50 y cant. Ar ôl rhagor o amlygu, gallai dy sgôr fynd yn is – i 10 y cant efallai. Fel hyn, mae dy sgoriau BIP yn dy helpu i fonitro dy gynnydd.

Ymarfer: Fy Sgoriau BIP

Fel gyda sgoriau SUDS, mae'n help i wneud ychydig o ymarfer o flaen llaw.

Meddylia am rywbeth sy'n sefyllfa sbardun i ti. Nawr meddylia pa ganlyniad byddet ti'n ei ddisgwyl os wyt ti'n peidio â gwneud unrhyw ymddygiadau osgoi neu ddiogelwch yn y sefyllfa honno. Gofynna i dy hun, *Faint dwi'n credu fy rhagfynegiad?* Rho ganran (o 0 i 100 y cant) i faint rwyt ti'n ei gredu.

MATHAU O WALLAU MEDDWL

Yn ystod y broses CBT, fydd dim gofyn i ti nodi'r mathau o wallau meddwl sydd gen ti. Ond bydd gwybod cymaint ag y galli di am dy wallau meddwl yn ei gwneud hi'n haws adnabod dy ymddygiadau osgoi a diogelwch (sy'n seiliedig ar dy wallau meddwl). Felly gad i ni edrych yn fanylach arnyn nhw nawr.

Dyma'r pedwar math o wall meddwl mwyaf cyffredin mewn gorbryder cymdeithasol: *darllen meddyliau, darogan y dyfodol, trychinebu,* a *gordebygoliaeth*. Efallai fod gen ti un neu bob un o'r mathau hyn. Gallan nhw orgyffwrdd o dro i dro hefyd.

Darllen meddyliau

Mae darllen meddyliau'n digwydd pan fyddi di'n credu dy fod ti'n gallu dweud beth mae pobl eraill yn ei feddwl. Efallai y byddi di hyd yn oed yn credu bod gen ti allu unigryw i wybod barn pobl eraill amdanat ti. Wrth gwrs, byddai'n braf petai gennym ni'r gallu i ddarllen meddyliau. Yna, fyddai dim rhaid i ni boeni ydy pobl eraill yn ein hoffi ni, a gallen ni amgylchynu ein hunain â phobl sy'n meddwl ein bod ni'n ddeniadol, yn cŵl, yn hwyl, ac yn hollol wych.

Ond y gwir yw dyw hi ddim yn bosib gwybod yn iawn beth yw barn rhywun arall amdanon ni – heb ofyn iddo. Mae gwneud hynny'n arbennig o anodd os oes gen ti orbryder cymdeithasol, oherwydd y peth olaf rwyt ti eisiau ei wneud yw mynd at rywun a gofyn, "Beth yw dy farn di amdana i?" A dydw i ddim yn awgrymu dy fod ti'n gwneud hynny. Hyd yn oed petaet ti'n rhoi cynnig arni, fyddai hi ddim yn bosib i ti wybod a oedd y llall yn dweud y gwir. Yn hytrach, yr hyn sy'n bwysig ar gyfer y rhaglen CBT yw dy fod ti'n dod yn ymwybodol o pryd a pham a sut rwyt ti'n darllen meddyliau.

Un nodwedd o ddarllen meddwl yw ei fod yn tueddu i ganolbwyntio ar y negyddol. Nid yn unig dy fod ti'n hollol siŵr dy fod ti'n gwybod barn pobl eraill amdanat ti, rwyt ti'n *siŵr* eu bod nhw'n meddwl pethau negyddol ac yn dy farnu di yn y ffordd waethaf bosib. Dyma rai enghreifftiau o ddarllen meddyliau:

Mae Barb yn meddwl 'mod i'n dwp.

Mae Jose yn meddwl 'mod i'n rhyfedd.

Fyddan nhw ddim yn siarad â fi achos maen nhw'n meddwl y bydda i'n boen os dwi'n ymuno â'r sgwrs.

Bydd rhai yn meddwl bod fy mhost ar y cyfryngau cymdeithasol yn ddiflas.

Dyw Asha ddim yn hoffi pan dwi'n gwenu arni.

Dydyn nhw ddim eisiau fi yno.

Darogan y dyfodol

Mae darogan y dyfodol (sy'n cael ei alw'n *dweud ffortiwn* hefyd weithiau) yn digwydd pan fydd dy feddwl yn canolbwyntio ar y dyfodol yn hytrach nag ar y presennol. Wrth gwrs, mae digon o resymau da dros feddwl am y dyfodol. Ac os na fyddet ti'n meddwl am y dyfodol, allet ti ddim gwneud cynlluniau na gosod nodau na gweithio tuag at unrhyw fath o welliant. Ond mae darogan y dyfodol yn y llyfr hwn yn ymwneud â gwallau meddwl pan wyt ti'n rhagweld yn anghywir beth fydd yn digwydd mewn sefyllfa benodol.

Fel gyda darllen meddyliau, mae darogan y dyfodol yn tueddu i bwysleisio'r negyddol. Er enghraifft, rwyt ti'n credu y byddi di mor orbryderus wrth roi dy adroddiad llafar yr wythnos nesaf, bydd dy feddwl di'n mynd yn wag, fyddi di ddim yn gallu yngan gair, bydd pawb yn chwerthin arnat ti, ac yna byddan nhw'n siarad amdanat ti y tu ôl i dy gefn. Mae darogan y dyfodol yn dy baratoi ar gyfer canlyniad gofidus. Rwyt ti eisoes wedi dychryn, er nad oes dim byd wedi digwydd eto. Rwyt ti'n anghofio does neb yn gallu rhagweld y dyfodol yn gywir. Pan fyddi di'n darogan y dyfodol, rwyt ti'n rhwystro dy ymennydd rhag ystyried canlyniadau mwy tebygol ond llai negyddol, fel, "Efallai y bydda i'n nerfus wrth roi'r adroddiad llafar, ond mae'n siŵr y bydda i'n gallu ei orffen."

Mae fel petai dy feddwl yn dweud wrthot ti mai'r ffordd i atal pethau drwg rhag digwydd yw meddwl amdanyn nhw'n digwydd drwy'r amser. Yn wir, dyma pam mae pobl yn darogan y dyfodol. Maen nhw'n credu, yn gwbl anghywir, eu bod nhw rywsut yn gallu atal pethau negyddol rhag digwydd.

Dyma rai enghreifftiau o ddarogan y dyfodol:

Os dwi'n codi fy llaw yn y dosbarth, fe fydda i'n cael atal dweud a bydd pobl yn chwerthin ar fy mhen i.

Os dwi'n mynd i'r ddawns ac yn gofyn i Maria ddawnsio gyda fi, bydd hi'n dweud na.

Os dwi'n dweud wrth Tom 'mod i ddim yn hoffi cerddoriaeth pync, bydd e'n dweud wrth bawb bod fy chwaeth gerddorol i yn wael.

Os dwi'n dweud "haia" wrth Jackson, fydd e ddim yn dweud "haia" yn ôl.

Os bydda i'n gwisgo gwisg nofio, bydd pawb yn gwneud hwyl ar ben fy nghoesau tenau.

Trychinebu

Mae trychinebu'n cynnwys dychmygu'r senario gwaethaf posib fel yr unig esboniad neu ganlyniad posib. Pan fyddi di mewn sefyllfa sbardun, mae dy feddwl yn tueddu i droi ar unwaith at yr achos gwaethaf posib. Mae'n rhuthro heibio unrhyw esboniadau neu ganlyniadau eraill ac yn setlo ar y gwaethaf.

Gallet ti feddwl bod hyn yn ddefnyddiol oherwydd mae'n golygu dy fod ti wastad yn barod. Chei di ddim dy ddal allan os wyt ti eisoes wedi meddwl am y canlyniad gwaethaf posib, iawn? Ddim yn union. Oherwydd pan wyt ti'n credu bod canlyniad negyddol yn siŵr o ddigwydd, mae gorbryder yn dy barlysu. Hyd yn oed os nad yw'r trychineb roeddet ti wedi'i ragweld yn cael ei wireddu, rwyt ti'n disgwyl iddo ddigwydd y tro nesaf.

Dyma rai enghreifftiau o drychinebu:

Bydda i'n disgyn oddi ar y trawst cydbwysedd ac yn troi fy ffêr, a fydd neb hyd yn oed yn fy helpu i godi.

Bydda i'n gwneud smonach o'r arbrawf. Pan fyddwn ni'n cael F, bydd fy mhartner labordy yn fy meio i.

Fydd neb o gwbl yn siarad â fi yn y parti.

Wnaeth Sarah ddim tecstio fi heddiw. Dyw hi ddim eisiau bod yn ffrindiau mwyach.

Fydda i mor nerfus, bydda i'n taflu i fyny wrth y bwrdd, a fydd Marco byth yn gofyn i fi fynd ar ddêt eto.

Gordebygoliaeth

Mae gordebygoliaeth yn adeiladu ar drychinebu gan ei fod yn golygu cymryd yn ganiataol y bydd y senario gwaethaf posib yn digwydd bob un tro y byddi di mewn sefyllfa sbardun. Mae'n golygu dy fod ti'n goramcangyfrif neu'n gorliwio'r tebygolrwydd y bydd rhywbeth drwg yn digwydd; yn dy feddwl di, mae'n sicr o ddigwydd. Dwyt ti ddim yn cael dy gysuro o gwbl gan y ffaith bod y tebygolrwydd gwrthrychol ohono'n digwydd yn isel. Er enghraifft, mae arbenigwyr wedi gweithio allan bod tebygolrwydd y bydd awyren yn cwympo o'r awyr mor isel ag 1 mewn 11 miliwn. Ond eto, os wyt ti'n ofni hedfan, pan fyddi di'n mynd ar yr awyren, efallai y byddi di'n teimlo bod y tebygolrwydd yn 90 y cant.

O ran gorbryder cymdeithasol, mae gordebygoliaeth yn gweithio'n ddigon tebyg. Efallai y byddi di wedi llwyddo i roi adroddiad llafar sawl gwaith ers i ti fynd i'r ysgol uwchradd. Ac eto, y funud rwyt ti'n cael dy alw i roi un nawr, elli di ddim ond meddwl am y senario gwaethaf: y byddi di'n rhewi, bydd y dosbarth yn chwerthin am dy ben di, a byddi di'n cael gradd wael. Rwyt ti'n anghofio am yr holl droeon rwyt ti wedi llwyddo i'w wneud yn iawn *ac* ennill gradd dda. Allan o ddeg adroddiad rwyt ti wedi'u rhoi, gad i ni ddweud mai dim ond un oedd heb fynd cystal. Er bod gen ti, ar sail profiad yn y gorffennol, debygolrwydd llwyddiant o 90 y cant, mae gordebygoliaeth yn dweud wrthot ti y bydd yr adroddiad nesaf yn drychineb, 100 y cant.

Un o effeithiau heriol gordebygoliaeth yw y gall wneud i ti fod mor orbryderus, byddi di'n gwneud llanast o bethau, hyd yn oed os oes gen ti, yn wrthrychol, bob rheswm i lwyddo. Dyma rai enghreifftiau o ordebygoliaeth:

> *Os dwi'n cymryd gwers sglefrio arall, bydda i'n llawn mor lletchwith â'r tro diwethaf. Fi fydd y sglefriwr gwaethaf yno.*
>
> *Os dwi'n postio hunlun, fydd neb yn ei hoffi.*
>
> *Fydd neb arall yn gwisgo ffrog fer i'r prom. Fydd gen i gywilydd os dwi'n gwisgo un.*
>
> *Mae pawb sy'n fy nghlywed i'n canu yn dweud 'mod i allan o diwn. Wna i ddim canu o flaen neb.*
>
> *Os dwi'n cerdded yng nghyntedd yr ysgol ar fy mhen fy hun, fydd neb yn dweud helô.*

CWESTIYNAU CYFFREDIN

C: *Dw i wedi drysu ynglŷn â'r dulliau yma. Sut bydda i'n gwybod pryd i'w defnyddio?*

A: Yn y penodau sy'n dilyn, pryd bynnag y byddi di'n cael cyfarwyddyd i ddefnyddio un o'r dulliau hyn, galli di gyfeirio'n ôl at y bennod hon ac atgoffa dy hun. Does dim angen i ti gofio'r cyfan nawr! Mwya'n byd rwyt ti'n defnyddio pob dull, hawsa'n byd fydd y broses. Bydd y dulliau hyn yn ddefnyddiol am flynyddoedd lawer i ddod, oherwydd gallan nhw dy helpu i barhau i reoli gorbryder cymdeithasol am oes.

C: *Beth os yw fy sgoriau gorbryder i gyd yn fwy na 10?*

A: Mae llawer o bobl ifanc yn eu harddegau yn teimlo bod sgôr eu gorbryder mor uchel, maen nhw'n haeddu sgôr o fwy na 10. Er enghraifft, efallai y byddi di'n teimlo y byddai cusanu'r un rwyt ti'n ei ffansïo yn 20. Neu hyd yn oed yn 95! Hyd yn oed os wyt ti'n teimlo felly, yr hyn sy'n bwysig yw dy fod ti'n rhoi sgôr o 10 i'r gorbryder gwaethaf rwyt ti wedi'i deimlo erioed. Felly, elli di (na neb arall) gael sgôr SUDS sy'n fwy na 10. Cofia, mae'n union fel y raddfa boen y byddai meddyg yn ei defnyddio petai rhywun wedi torri asgwrn neu ag anhwylder oedd yn achosi poen.

Gall yr awydd i ddefnyddio sgoriau SUDS sy'n fwy na 10 olygu sawl peth. Er enghraifft, efallai dy fod ti'n meddwl bod dy ofid yn fwy na 10 oherwydd dy fod ti'n poeni dy fod ti'n methu ymdopi â'r rhaglen CBT hon. Hynny yw, rwyt ti'n darogan y dyfodol, yn trychinebu, ac yn defnyddio gordebygoliaeth cyn dechrau.

Mae eisiau defnyddio mwy na 10 hefyd yn gallu bod yn osgoi. Efallai y byddi di wedi arfer ag osgoi sefyllfa sbardun, felly rwyt ti'n dweud wrth dy hun y bydd sgôr SUDS uchel ofnadwy yn rhoi rheswm i ti barhau i'w hosgoi. Yn y ddau achos, y cyfan dwi'n ei ofyn yw dy fod ti'n rhoi cynnig arni: cadwa at sgoriau o rhwng 1 a 10 ac aros i weld sut mae'r rhaglen yn gweithio i ti.

Yn olaf, gallai'r awydd i roi sgoriau SUDS uchel ofnadwy olygu bod dy orbryder cymdeithasol mor ddifrifol fel na elli di lwyddo â'r rhaglen CBT heb gefnogaeth ychwanegol. Anaml y bydd hyn yn digwydd, ond mae angen cefnogaeth clinigwr CBT, a meddyginiaeth o bosib, ar rai pobl ifanc yn eu harddegau. Dwi'n awgrymu dy fod ti'n ystyried siarad â gweithiwr proffesiynol sydd ag arbenigedd mewn therapi ymddygiad gwybyddol os wyt ti'n dal i gael trafferth â dy sgoriau SUDS.

PENNOD 4

Creu rhestr o sefyllfaoedd sbardun

Rwyt ti nawr yn barod i gymryd cam cyntaf y Rhaglen Lleddfu Gorbryder Cymdeithasol CBT. Llongyfarchiadau ymlaen llaw! Yn y cam hwn byddi di'n llunio rhestr gyflawn o sefyllfaoedd sbardun – hynny yw, yr holl sefyllfaoedd lle mae gorbryder cymdeithasol yn effeithio arnat ti.

Ym mhennod 1, fe gwrddaist ti â Martin, y disgybl hŷn sy'n orbryderus am siarad yn y dosbarth ac sy'n ystyried coleg ar-lein oherwydd ei orbryder cymdeithasol. Fel y rhan fwyaf o bobl ifanc yn eu harddegau, mae ganddo fywyd prysur tu hwnt rhwng gwaith cartref, prosiectau arbennig, a'r holl waith sy'n gysylltiedig â gwneud cais am le yn y coleg. Ond hefyd, fel llawer o bobl ifanc â gorbryder cymdeithasol, mae'n fwyaf cyfforddus pan mae'n teimlo bod ganddo rywfaint o reolaeth dros ei fywyd. Mae'r rhaglen CBT yn cynnig ffordd i Martin gael gwell gafael ar ei orbryder, ac mae hynny'n golygu y bydd yr amser a'r ymdrech y bydd eu hangen yn talu ffordd iddo. Bydd Martin yn gwneud y cam cyntaf hwn gyda ti.

Yn y bennod hon, byddi di'n yn gwneud tri pheth. Yn gyntaf, byddi di'n monitro dy hun ac yn nodi sefyllfaoedd sbardun sy'n digwydd i ti trwy gydol yr wythnos. Yn ail, byddi di'n meddwl am restr o'r sefyllfaoedd hyn. Yn olaf, byddi di'n defnyddio'r SUDS i sgorio'r sefyllfaoedd hyn. Amdani!

MONITRO DY SEFYLLFAOEDD SBARDUN

Ar gyfer y dasg hon, bydd angen i ti wisgo dy het ymchwilydd. Fel ymchwilydd, rwyt ti'n mynd i astudio dy arferion pob dydd. Rwyt ti'n mynd i olrhain sut rwyt ti'n ymateb mewn sefyllfaoedd gwahanol. Efallai y bydd temtasiwn i ddibynnu ar dy ymateb greddfol i ddewis y sefyllfaoedd sbardun ar gyfer dy restr. Ond dwi wedi sylwi ei bod hi'n hawdd anghofio cynnwys sefyllfaoedd pwysig pan fyddwn ni'n mynd ati'n rhy gyflym i wneud rhestr. Felly, bydd gwisgo dy het ymchwilydd yn dy helpu i bwyllo ac yn arwain at y rhestr fwyaf cywir a defnyddiol.

Y ffordd orau o greu rhestr gywir o sefyllfaoedd sbardun yw mynd trwy ddiwrnod arferol yn dy feddwl – yn araf – ac adolygu'r holl sefyllfaoedd rwyt ti fel arfer yn dod ar eu traws. Does dim angen i ti wneud hyn mewn amser real ac ychwanegu at dy restr drwy gydol y dydd – er y gallet ti wneud hynny os wyt ti eisiau. Yn hytrach, eistedda ar ddiwedd y dydd a cheisia gofio'n ofalus y sefyllfaoedd sbardun ers i ti ddeffro. Byddi di hefyd eisiau meddwl am sefyllfaoedd sbardun sydd ddim yn digwydd yn aml o reidrwydd ond sy'n dy wynebu o bryd i'w gilydd. Gallai'r rhain gynnwys gwyliau, gweithgareddau penwythnos, digwyddiadau teuluol, mynd i fwytai, ac yn y blaen.

Chwilia am gornel ymchwil braf i ti dy hun a meddylia am dy ddiwrnod. Gallai dy gornel ymchwil fod yn nyth glyd o glustogau neu fwrdd y gegin neu fainc bicnic. Gallai fod yn unrhyw fan lle rwyt ti'n gallu eistedd yn dawel ac astudio dy ymddygiadau. Y peth pwysig ar y cam hwn o'r broses yw mynd dros dy ddiwrnod yn fanwl iawn. Rwyt ti eisiau cipio'r sefyllfaoedd hynny a allai gael eu hanghofio fel arall. Cofia gynnwys sefyllfaoedd rwyt ti'n eu hosgoi ar hyn o bryd oherwydd eu bod yn dy sbarduno.

Dyddiadur Monitro Dyddiol

Er mwyn sylwi ar sefyllfaoedd rwyt ti'n hosgoi o bosib, edrycha ar dy wythnos un dydd ar y tro. Meddylia am bob diwrnod fesul awr. Byddi di'n defnyddio'r Dyddiadur Monitro Dyddiol i wneud hyn. Mae'n cynnwys tudalennau ar wahân ar gyfer pob diwrnod, felly bydd gen ti ddigon o le i ysgrifennu dy nodiadau. Galli di lawrlwytho'r Dyddiadur Monitro Dyddiol o wefan y llyfr hwn a'i argraffu (yn Saesneg yn unig): http://www.newharbinger.com/47056. Neu os yw'n well gen ti, galli di greu dyddiadur yn dy lyfr nodiadau neu hyd yn oed ar dy ffôn.

Dyma sut llenwodd Martin ei Ddyddiadur Monitro Dyddiol a monitro ei sefyllfaoedd sbardun.

Dyddiadur Monitro Dyddiol Martin

	Dydd Llun
7-9 a.m.	Poeni am Saesneg / hen grys denim yn y golch, gorfod gwisgo crys coch
9-10 a.m.	Gorbryderus iawn yn cerdded heibio lolfa'r myfyrwyr ar y ffordd i Cemeg
10-11 a.m.	Cemeg: roedd Joe yn hwyr ac roedd gen i ofn cael partner arall ar gyfer gwaith labordy
11 a.m.-12 p.m.	Cyrhaeddodd Joe jest mewn pryd ar gyfer gwaith labordy, ffiw
12-1 p.m.	Cinio: heb gael cinio achos do'n i ddim eisiau gweld neb / es i'n syth i'r llyfrgell
1-2 p.m.	Neuadd astudio: treulio'r rhan fwyaf o amser yn poeni am Saesneg
2-3 p.m.	Saesneg: gorfod darllen yn uchel
3-4 p.m.	Teimlo'n sâl ar ôl Saesneg, wedi mynd adref
4-5 p.m.	
5-6 p.m.	
6-7 pm	Dal yn teimlo braidd yn sâl, gofynnes i i Mam wneud cawl i fi i swper
7-8 p.m.	Dywedais wrth Dad nad o'n i'n gallu mynd gydag e i nôl pizza
8-9 p.m.	Arhosais yn fy 'stafell achos roedd ffrind gorau fy chwaer yma'n gwylio'r teledu
9-10 p.m.	
10 p.m.-12 a.m.	

Adroddiad Martin

Fe eisteddais nos Lun i adolygu fy niwrnod a llenwi'r daflen fonitro. Fe sylweddolais i 'mod i'n dechrau teimlo'n orbryderus cyn i fi hyd yn oed gyrraedd yr ysgol. Dwi'n gwybod y bydda i mewn sefyllfaoedd sy'n fy ngwneud i'n orbryderus, dwi jest ddim yn gwybod beth yw pob un ohonyn nhw eto. Mewn ffordd, mae'n waeth na phe bawn i'n gwybod yn union beth i'w ddisgwyl. Dwi'n gorfod bod yn effro drwy'r amser.

Os yw'n ddiwrnod Gwleidyddiaeth y Byd neu Saesneg, dwi'n teimlo'n orbryderus y funud dwi'n deffro. Dwi'n gwisgo dillad di-nod a lliwiau diflas fel 'mod i ddim yn tynnu sylw. Felly fe lenwais i'r slotiau 7 i 9 am ar gyfer pob un o'r pum diwrnod ysgol yn yr wythnos. Wedyn fe wnes i lenwi'r oriau mae gen i Gwleidyddiaeth y Byd neu Saesneg.

Mae Gwleidyddiaeth y Byd yn achosi gorbryder i fi oherwydd ei fod yn ddosbarth trafod. Mae Mrs. Chu bob amser yn galw arna i oherwydd mae hi eisiau i fi wella fy ngradd cyfranogi, sy'n wael. Os oes rhaid i fi roi cyflwyniad llafar, dwi'n poeni am ddyddiau. Weithiau dwi'n dweud wrth fy rhieni 'mod i'n sâl. Y peth gorau yw pan dwi'n cael gwneud yr adroddiad llafar ddim ond i Mrs. Chu. Ond dwi byth yn gwybod a fydd hi'n rhoi caniatâd i fi wneud hynny.

Mae cryn dipyn o ddarllen yn uchel yn Saesneg. Ar hyn o bryd rydyn ni'n darllen Shakespeare. Mae'n amhosib ei ddarllen yn uchel oherwydd dyw e ddim yn Saesneg arferol, a dwi'n swnio fel lembo yn ei ddarllen. Mae Mr Riordan yn dweud bod pawb yn teimlo'n lletchwith yn ei ddarllen. Dwi'n colli'r dosbarth pan dwi'n gwybod mai fy nhro i fydd darllen. Os dwi heb ddweud dim byd yn y dosbarth ers tipyn, bydd Mr Riordan yn siŵr o alw fy enw.

Ar ddiwrnodau pan fydd gen i ddosbarthiadau eraill – Cemeg, Mathemateg, a Sbaeneg – dwi'n teimlo rhyddhad. Mae'r dosbarthiadau hynny'n hawdd a does dim angen cymryd rhan ryw lawer yn y dosbarth. Yn gyffredinol, does neb mewn gwersi Cemeg a Mathemateg yn gwneud fawr ddim â neb arall ac yn bwrw ymlaen â'u gwaith. Dwi'n gallu gwneud Sbaeneg gartref.

Mae egwyl y bore yn gwneud i fi deimlo'n anesmwyth. Dwi'n mynd i fy locer a gobeithio na fydda i'n cwrdd â neb sydd eisiau siarad â fi. Mae cerdded o ddosbarth i ddosbarth yn anodd hefyd. Cerdded heibio lolfa'r myfyrwyr yw'r peth gwaethaf. Dwi byth yn mynd i mewn iddi. Dwi'n dweud wrth fy hun nad oes gen i unrhyw reswm i fynd yno. Ond gan 'mod i'n gwneud fy nyddiadur monitro, dwi'n sylweddoli mai rhesymoli yw hynny. Os oes rhaid i fi roi llyfr i rywun, byddai'n haws mynd i mewn i'r lolfa yn lle dim ond gobeithio dod ar eu traws. Felly fe wnes i ychwanegu'r lolfa at fy nhaflen fonitro, er ei bod yn sefyllfa dwi'n ei hosgoi.

Y funud mae'r gloch wedi canu ar ddiwedd y dydd, dwi'n gadael yr ysgol. Dydw i ddim hyd yn oed yn mynd yn ôl i fy locer gan fod disgyblion yno. Dydw i ddim yn teimlo'n gyfforddus yn mân siarad. Ro'n i eisiau ymuno â'r Clwb Roboteg ar ôl ysgol achos dwi'n hoffi pethau fel 'na a byddai'n edrych yn dda i'r colegau. Ond fe wnes i boeni cymaint am fynd i'r cyfarfod cyntaf, wnes i roi'r gorau i'r syniad.

Ar benwythnosau, dwi'n aros gartref ac yn gwneud gwaith cartref neu'n chwarae gemau fideo gyda phlant mewn gwahanol ddinasoedd. Os yw fy rhieni yn gwneud i fi fynd allan am swper gyda nhw, dwi'n trio osgoi unrhyw un dwi'n ei adnabod o'r ysgol neu unrhyw blant fy oedran i.

Fe wnes i fonitro fy hun am ychydig mwy o ddyddiau. Yna fe wnes i addasu fy Nyddiadur. Ddydd Gwener, pan wnaeth

Dad i fi fynd i'r siop groser gydag e, fe wnes i gwrdd â rhywun o fy nosbarth Mathemateg. Fe sylweddolais i fod yn rhaid i fi ychwanegu'r sefyllfa sbardun honno at y rhestr. Fe ges i fy synnu faint o slotiau ro'n i wedi'u llenwi. Bron drwy'r dydd, dwi'n poeni y bydda i mewn sefyllfa sbardun. Hyd yn oed os dwi'n meddwl bod gen i ffordd o osgoi pethau fel mân siarad, mae cant a mil o gyfleoedd yn codi drwy'r dydd y gallai rhywun drio sgwrsio â fi. Mae'n gwneud i fi deimlo'n flinedig a dydw i eisiau mynd i'r ysgol!

Awgrymiadau ar gyfer monitro dyddiol

Llenwa gymaint o slotiau amser ag y galli di. Llenwa'r ffurflen ar gyfer pob diwrnod o'r wythnos. Os yw'r un sefyllfa'n digwydd sawl diwrnod, rhestra hi bob tro. Y syniad yw cael darlun llawn o ba mor aml a phryd bydd sbardun yn digwydd. Fydd dim angen i ti gyfeirio at slotiau amser penodol ar gyfer gweddill y broses CBT.

Paid â rhuthro'r broses! Y ffordd fwyaf buddiol o ofalu bod gen ti restr gyflawn o sefyllfaoedd sbardun yw monitro dy hun am ychydig ddyddiau. Ychwanega unrhyw sefyllfaoedd sbardun newydd rwyt ti'n sylwi arnyn nhw neu yn eu cofio. Does dim rhaid i sefyllfa ddigwydd bob dydd i fod ar dy restr.

Paid â bod yn llawdrwm arnat ti dy hun. Wrth i ti wneud dy restr, bydd yn ofalus i beidio â drysu gorbryder a beth sy'n well gen ti. Dyw'r ffaith dy fod ti'n orbryderus mewn sefyllfa ddim yn golygu nad wyt ti'n hoffi'r sefyllfa honno neu ddim eisiau'r sefyllfa honno yn dy fywyd. Roedd Martin yn *rhesymoli* peidio â mynd i mewn i lolfa'r myfyrwyr. Pan fyddi di'n rhesymoli osgoi, rwyt ti'n ceisio argyhoeddi dy hun nad wyt ti eisiau cymryd rhan mewn sefyllfaoedd sy'n sbarduno gorbryder cymdeithasol, hyd yn oed os wyt ti eisiau gwneud hynny go iawn.

Er enghraifft, beth petai mynd i'r gampfa yn achosi gorbryder i ti? Yn lle meddwl, *dwi eisiau mynd i'r gampfa, ond mae mynd i'r gampfa yn fy ngwneud i'n orbryderus,* rwyt ti'n rhesymoli, *dydw i ddim yn hoffi ymarfer corff.* Neu dychmyga fod astudio gydag eraill yn dy wneud di'n orbryderus. Yn hytrach na meddwl, *byddai'n braf ymuno â'r grŵp astudio 'na, ond mae'n fy ngwneud i'n orbryderus,* rwyt ti'n rhesymoli, *dwi'n astudio'n well ar fy mhen fy hun.* Fel hyn, rwyt ti'n argyhoeddi dy hun nad yw'r osgoi yn broblem mewn gwirionedd.

Paid â gadael sefyllfaoedd sbardun fel hyn oddi ar dy restr oherwydd dy fod ti'n meddwl dwyt ti ddim yn eu hoffi. Os rhywbeth, dyma'r sefyllfaoedd mae eisiau i ti weithio arnyn nhw fel y galli di gymryd rhan ynddyn nhw heb deimlo gorbryder.

Cofia am y sbardunau cyffredin. Wrth i ti gwblhau dy Ddyddiadur Monitro Dyddiol, defnyddia'r rhestr ganlynol i helpu i brocio dy gof. Gofala nad wyt ti'n anwybyddu sefyllfaoedd sy'n dy sbarduno. Ond os wyt ti'n colli sefyllfa sbardun neu ddwy, mae'n ddigon hawdd i ti eu hychwanegu yn ddiweddarach. Dyma enghreifftiau o sefyllfaoedd sbardun sy'n gyffredin i bobl ifanc yn eu harddegau â gorbryder cymdeithasol:

- rhoi cyflwyniad llafar yn y dosbarth
- codi dy law yn y dosbarth
- ateb cwestiwn o flaen pobl eraill
- perfformio neu siarad o flaen eraill mewn gwasanaeth
- perfformio o flaen eraill mewn ymarfer cerdd
- perfformio o flaen eraill mewn ymarfer neu gystadleuaeth chwaraeon
- ymuno â grŵp o gyfoedion sydd eisoes yn sgwrsio
- mân siarad â rhywun dwyt ti ddim yn ei adnabod yn dda
- amser egwyl yn yr ysgol

- amser cinio
- mynd o'r naill ddosbarth i'r llall
- parti neu ddawns
- digwyddiad chwaraeon
- rhywun yn dy wylio pan fyddi di'n ysgrifennu
- rhywun yn dy wylio pan fyddi di ar y cyfrifiadur neu'r ffôn
- rhywun yn dy wylio pan fyddi di'n bwyta
- cwrdd â rhywun newydd
- defnyddio'r toiled yr un pryd â phobl eraill
- siarad ag athrawon neu unigolion mewn awdurdod
- gwahodd rhywun i wneud rhywbeth
- bod yng nghanol y sylw (yn fwriadol neu'n anfwriadol)
- gwneud cais arbennig, fel dychwelyd eitem i siop neu ofyn am ffafr
- datgan dy farn
- postio ar y cyfryngau cymdeithasol
- rhannu cludiant â rhywun dwyt ti ddim yn ei adnabod yn dda, fel ar fws neu rannu car.

CREU DY RESTR O SEFYLLFAOEDD SBARDUN

Mae rhan nesaf y dasg hon yn eithaf syml. Rwyt ti'n mynd i gymryd yr holl sefyllfaoedd sbardun ar gyfer y dyddiau gwahanol yn dy Ddyddiadur Monitro Dyddiol a'u rhoi mewn un rhestr. Er bod hon yn dasg syml, bydd rhaid i ti feddwl am y ffordd orau o restru pob sefyllfa. A byddi di eisiau rhannu rhai sefyllfaoedd cyffredinol yn is-sefyllfaoedd llai neu gyfuno rhai sefyllfaoedd â'i gilydd efallai.

Dyma ddisgrifiad Martin o lunio ei restr o sefyllfaoedd sbardun.

Adroddiad Martin

Roedd fy rhestr i'n cynnwys tua ugain o sefyllfaoedd sbardun yn y pen draw. Roedd cymaint ohonyn nhw, ro'n i'n teimlo 'mod i ddim yn mynd i allu gwneud hyn! Ond daliais ati.

Dechreuodd pethau wella pan sylweddolais i y gallai'r rhan fwyaf o'r pethau ro'n i wedi'u hysgrifennu yn fy slot cynnar yn y bore gael eu cyfuno yn un sefyllfa sbardun. Gorbryder am godi o'r gwely, poeni am gael fy ngalw i siarad mewn gwers Gwleidyddiaeth y Byd, poeni am gwis pop yn Sbaeneg – maen nhw i gyd yn orbryderon am beth fydd yn digwydd yn yr ysgol. Dwi'n gweld i o'r monitro nad oes llawer o sefyllfaoedd sbardun ar benwythnosau. Bryd hynny, yr unig sefyllfaoedd sbardun yw pethau fel mynd allan am swper neu fynd i'r sinema.

Fe wnes i greu is-sefyllfa ar gyfer dechrau'r bore: gwisgo ar gyfer yr ysgol. Mae llawer o fy mhryderon yn gynnar yn y bore yn ymwneud â gwneud llanast o bethau yn y dosbarth a phobl yn sylwi 'mod i'n nerfus. Ond dwi hefyd yn poeni sut olwg sydd arna i i'r disgyblion eraill. Dim ond 3 yw fy sgôr SUDS ar gyfer gwisgo, o'i gymharu â 4 i 5 ar gyfer y sbardunau eraill yn gynnar yn y bore. Dwi'n meddwl bod hynny oherwydd 'mod i'n gallu dewis beth dwi'n ei wisgo.

Hefyd, fe ges i ychydig o drafferth yn trio penderfynu yn union beth yw fy sbardunau yn y dosbarth. Fe sylweddolais i mai rhoi adroddiad llafar yw'r sbardun mwyaf, yn sicr. Felly fe benderfynais i wneud hynny yn is-sefyllfa. Mae rhoi adroddiad llafar yn sicr yn 10 ar y SUDS, dim ots pa ddosbarth yw e. Felly fe wnes i grynhoi pob adroddiad llafar mewn un is-sefyllfa.

Dwi'n gwybod mai'r prif ddosbarthiadau sy'n fy sbarduno yw Gwleidyddiaeth y Byd a Saesneg. Fe wnes i ystyried eu cyfuno yn un sefyllfa sbardun. Ond mae fy sgoriau SUDS ar eu cyfer nhw'n wahanol, felly fe gadwais i nhw ar wahân. Mae dosbarth Saesneg Mr Riordan yn newid llawer, oherwydd mae e yn ein cael ni i wneud mwy o fathau gwahanol o bethau. Er enghraifft, weithiau rydyn ni'n cael cyfnodau ysgrifennu heb siarad, sy'n llawer llai o sbardun. Felly, mae'n amrywio'n fawr, sy'n golygu 'mod i'n llawn straen nes y bydda i'n gwybod beth rydyn ni'n ei wneud ar ddiwrnod penodol.

Bues i'n meddwl llawer am y sefyllfaoedd sbardun sy'n digwydd rhwng dosbarthiadau. Ar fy nhaflen fonitro, mae'r rhain wedi'u rhestru bob dydd, sawl gwaith y dydd. Fe benderfynais i wneud egwyl y bore yn sefyllfa ar ei ben ei hun. Yna fe gyfunais i'r holl sefyllfaoedd sbardun sy'n cynnwys cerdded o ddosbarth i ddosbarth. A dweud y gwir, dyw'r hyn dwi'n ei deimlo wrth gerdded rhwng Mathemateg a Saesneg ddim mor wahanol i'r hyn dwi'n ei deimlo wrth gerdded rhwng Saesneg a Chelf. Dim ond y pellter sy'n wahanol.

Yr hyn sy'n wahanol, fodd bynnag, yw unrhyw adeg dwi'n gorfod mynd heibio lolfa'r myfyrwyr. Felly fe wnes i hynny'n sefyllfa sbardun ar ei phen ei hun. Mae ganddi sgôr SUDS uwch na dim ond cerdded o ddosbarth i ddosbarth. Ac fe wnes i gynnwys mynd i mewn i'r lolfa, rhywbeth dwi wastad yn ei osgoi.

Awgrymiadau ar gyfer llunio dy restr sbardunau

Rhestra bob sefyllfa unwaith yn unig. Hyd yn oed os oeddet ti wedi rhestru 'mynd i'r ysgol ar y bws' fel sefyllfa sbardun bum gwaith yn ystod yr wythnos, dim ond unwaith byddi di'n ei gynnwys ar dy restr o sefyllfaoedd sbardun.

Ystyria rannu sefyllfaoedd yn is-sefyllfaoedd mwy penodol. Rho sylw manwl i'r hyn sy'n dy sbarduno'n benodol ym mhob sefyllfa. Er enghraifft, beth am i ni gymryd bod 'mynd i'r dosbarth Mathemateg' yn un o dy sefyllfaoedd sbardun. Ond galli di hefyd nodi bod 'codi fy llaw yn Mathemateg' yn rhywbeth penodol sy'n sbarduno gorbryder yn y dosbarth yma. Nawr mae gen ti ddewis: Efallai y byddi di'n penderfynu cynnwys 'mynd i'r dosbarth Mathemateg' a 'codi fy llaw yn Mathemateg' ar dy restr o sefyllfaoedd sbardun. Neu efallai y byddi di'n penderfynu mai codi dy law yn y dosbarth hwn yw'r peth sy'n dy sbarduno di mewn gwirionedd a'r rheswm dy fod ti wedi rhestru Mathemateg ar dy daflen monitro. Yn yr achos hwnnw, dim ond 'codi fy llaw yn Mathemateg' byddi di'n ei roi ar dy restr o sefyllfaoedd sbardun. Disgrifiodd Martin sut aeth ati i greu is-sefyllfaoedd ar gyfer gwisgo i fynd i'r ysgol ac am roi adroddiad llafar.

Ystyria lefel dy ofn. Er mai'r dasg nesaf fydd cwblhau dy sgoriau SUDS, efallai y byddi di am ystyried lefel dy orbryder nawr, wrth i ti lunio dy restr. Er enghraifft, rhestrodd Martin Gwleidyddiaeth y Byd a Saesneg fel sefyllfaoedd sbardun ar wahân oherwydd bod ganddyn nhw sgoriau SUDS gwahanol. Wrth i ti ddod yn gyfarwydd â'r broses hon, byddi di'n teimlo'n fwy cyfforddus yn symud rhwng y gwahanol dasgau.

Chwilia am orgyffwrdd yn dy sefyllfaoedd sbardun. Gad i ni ddychmygu bod dy restr yn cynnwys 'cerdded o'r naill ddosbarth i'r llall' a 'cerdded o'r dosbarth i ginio'. Oes gorgyffwrdd diangen, neu oes yna wahaniaeth pwysig? Os mai'r sbardun yn y ddwy sefyllfa yw gorfod dweud helô neu gael pobl yn edrych arnat ti, yna fe gei di eu cyfuno. Ond efallai fod cerdded o'r dosbarth i ginio yn golygu cyswllt llawer hirach. Efallai dy fod ti'n teimlo bod rhaid i ti egluro pam rwyt ti'n methu mynd gyda'r plant eraill i'r ffreutur. Os felly, gad y rhain fel dwy sefyllfa sbardun ar wahân.

Cofia, gwaith sy'n mynd rhagddo yw hwn! Paid â phoeni os nad wyt ti'n siŵr sut i restru rhai sefyllfaoedd neu os wyt ti'n teimlo nad yw dy restr di'n gyflawn. Bydd cyfle i ti edrych eto ar dy restr ar ôl i ti gael ychydig o brofiad. Yn y penodau diweddarach, galli di ailwampio dy restr gyda beth bynnag yw dy brif sefyllfaoedd sbardun ar y pryd.

SGORIO DY SEFYLLFAOEDD SBARDUN

Gan fod gen ti dy restr o sefyllfaoedd sbardun nawr, mae'n bryd gwisgo dy het ymchwil eto a mesur. Dyma pryd y byddi di'n defnyddio'r dull SUDS. Y nod yw gwybod yn fwy penodol sut rwyt ti'n teimlo ym mhob un o'r sefyllfaoedd hyn fel y galli di (mewn penodau diweddarach) gynllunio a chynnal arbrofion amlygu.

Dyma restr sefyllfaoedd sbardun Martin gyda'i sgoriau SUDS, ynghyd â'i sylwadau am y sgoriau.

Adroddiad Martin

Ar ôl i fi lunio fy rhestr, nodais fy sgoriau SUDS. Mewn rhai achosion, ro'n i eisoes yn gwybod beth fyddai'r sgôr. Er enghraifft, ro'n i'n gwybod nad oedd gwisgo ar gyfer yr ysgol fyth yn fwy na 3. Dychmygais fy hun ym mhob sefyllfa a defnyddio'r raddfa wedi'i chopïo o bennod 3 i nodi fy sgôr SUDS.

Yn y pen draw roedd gen i gyfanswm o bum sgôr o 10.

Er nad yw mân siarad bob amser yn 10. Does gen i ddim un sgôr llai na 3. Fe wnaeth hynny fy synnu. Ro'n i'n meddwl y byddai gen i ambell sgôr o 1 neu 2. Ond os ydw i'n gwbl onest, dyw fy ngorbryder i ddim yn mynd o dan 3 yn unrhyw un o'r sefyllfaoedd yma. Os dwi'n gallu gorffen y rhaglen CBT hon ag ambell sgôr SUDS o 1 neu 2, byddai hynny'n eithaf cŵl!

Sefyllfa sbardun	Sgôr SUDS
Deffro ar ddiwrnod ysgol a meddwl pa ddosbarthiadau sydd gen i	4-5
Gwleidyddiaeth y Byd	7-8
Saesneg	6-9
Adroddiadau llafar	10
Gwisgo i fynd i'r ysgol	3
Egwyl y bore	4
Cerdded o ddosbarth i ddosbarth	3-5
Cerdded heibio lolfa'r myfyrwyr	6
Mynd i mewn i lolfa'r myfyrwyr	10
Clwb ar ôl ysgol	10
Postio ar y cyfryngau cymdeithasol	10
Mân siarad wyneb yn wyneb	8-10
Mynd i fwyty	8
Mynd i'r siop	8

Awgrymiadau ar gyfer sgorio dy sefyllfaoedd sbardun

Cyfeiria at bennod 3. Mae'r holl wybodaeth sylfaenol mae ei hangen arnat ti i ddefnyddio SUDS ym mhennod 3. Cofia ddarllen yr adran honno eto cyn nodi dy sgoriau. A chyfeiria'n ôl ati mor aml ag sydd angen.

Defnyddia dy reddf. Sgoria dy sbardunau'n gymharol gyflym. Rwyt ti'n sgorio dy deimladau, a dwyt ti ddim eisiau gorfeddwl. Dilyna dy reddf.

Defnyddia ystod – *range*, os oes angen. Efallai y bydd rhai o dy sefyllfaoedd yn fwy cyffredinol nag eraill neu'n amrywio mwy o ddydd i ddydd. Gall hyd yn oed rhai sefyllfaoedd sy'n ymddangos yn gul neu'n benodol amrywio cryn dipyn. Er enghraifft, dychmyga mai siarad yn y dosbarth yw dy sefyllfa sbardun. Ond wrth feddwl am y peth, rwyt ti'n sylweddoli bod siarad yn labordy gwyddoniaeth Ms Wong yn llawer llai annifyr na siarad yn nosbarth Saesneg Mr Hilton. Y rheswm am hyn yw mai dim ond dwsin o blant sydd yn y labordy, ond mae bron i dri deg o fyfyrwyr yn Saesneg. Felly, efallai y byddi di'n rhoi sgôr SUDS o 5 i 7 i gwmpasu'r amrywiad yn y ddwy sefyllfa hyn.

Adolyga dy sgoriau. Ar ôl i ti roi dy sgoriau ar sail dy deimladau greddfol, edrycha ar y rhifau rwyt ti wedi'u rhoi. Wnest ti fethu unrhyw un o'r sefyllfaoedd? Os felly, rho sgôr iddyn nhw nawr. Hefyd, ydy dy sgoriau di'n debyg iawn? Er enghraifft, efallai eu bod nhw i gyd yn 10 neu'n agos at 10. Os yw hyn yn wir (yn enwedig os yw dy sgoriau i gyd yn gyfartal), meddylia a wyt ti'n gallu gwahaniaethu rhyngddyn nhw. Gallai hyn olygu nodi is-sefyllfaoedd sy'n achosi llai o orbryder. Y syniad yn y pen draw yw cael rhestr sy'n cynnwys sefyllfaoedd sbardun anghyfforddus iawn (SUDS uchel) a llai anghyfforddus (SUDS isel).

CWESTIYNAU CYFFREDIN

C: *Beth sy'n digwydd os oes gen i ormod o sefyllfaoedd sbardun?*

A: Does mo'r fath beth â chael gormod o sefyllfaoedd sbardun. Efallai y byddi di'n teimlo'n anobeithiol neu'n ddigalon os oes gen ti lawer o sefyllfaoedd sbardun, ond mae cael llawer o sbardunau yn normal!

Efallai dy fod ti'n meddwl, *mae gen i gymaint o sbardunau, sut bydda i'n delio â nhw i gyd?* Ceisia beidio â darogan y dyfodol. Ond ceisia reoli dy wallau meddwl. Cofia, fel y gwnaethon ni drafod ym mhennod 3, elli di ddim rhagweld y dyfodol yn gywir. Cymer un cam ar y tro gan asesu wrth i ti fynd yn dy flaen.

A dweud y gwir, unwaith y byddi di'n dechrau amlygu, mae'n debyg na fydd rhaid i ti wynebu pob sefyllfa sydd ar dy restr sbardunau nawr. Mae hyn oherwydd rhywbeth rydyn ni'n ei alw'n *cyffredinoli*. Yn y bôn, mae'n golygu bod yr hyn rwyt ti'n ei wneud mewn un sefyllfa yn cael ei gario ymlaen i sefyllfaoedd eraill. Gall cyffredinoli weithio yn dy erbyn, ond gall weithio o dy blaid di hefyd.

Dyma sut mae'n gallu gweithio yn dy erbyn, gan wneud i ti boeni mwy. Beth am gymryd mai un o dy sefyllfaoedd sbardun yw sefyll yn y ciw yn ffreutur yr ysgol. Efallai y byddi di'n cyffredinoli'r gorbryder hwnnw â sefyllfaoedd tebyg, fel pan fyddi di'n ciwio yn y siop fwyd. Efallai dy fod ti'n sylwi dy fod ti'n anghyfforddus yn y ciw yn y siop er nad wyt ti wedi teimlo gorbryder yno o'r blaen. Mae hyn oherwydd bod dy feddwl yn cyffredinoli o un sefyllfa ciwio i sefyllfaoedd ciwio eraill.

Yn ffodus, gall cyffredinoli weithio'r ffordd arall hefyd. Dywedwn ni fod dy sgôr SUDS ar gyfer sefyll mewn ciw yn y siop fwyd yn is na dy sgôr SUDS ar gyfer sefyll mewn ciw yn ffreutur yr ysgol. Felly rwyt ti'n penderfynu amlygu ar gyfer sefyll mewn ciw yn y siop fwyd yn gyntaf. Ac mae'n gweithio! Ar ôl hynny, rwyt ti'n teimlo llai o orbryder am sefyll yn y ciw yno. Ond wedyn rwyt ti'n darganfod rhywbeth annisgwyl. Pan fyddi di'n meddwl am dy sgôr SUDS ar gyfer sefyll mewn ciw yn ffreutur yr ysgol, mae'n is! Yn wir, mae'n is na dy sgôr wreiddiol ar gyfer y siop.

Sut gall hynny fod? Yr ateb yw cyffredinoli. Mae dy ymennydd wedi dysgu nad yw sefyll mewn ciw yn y siop fwyd mor ddrwg, brawychus, neu beryglus ag yr oeddet ti wedi'i ragweld. Mae dy ymennydd yn cyffredinoli'r dysgu gan yr amlygu yn y siop fwyd i'r sefyllfa debyg o sefyll mewn ciw yn y ffreutur. Mae hyn yn digwydd y ddi-ffael i bobl o bob oed sy'n gwneud rhaglenni CBT.

C: *Wnes i ddim llawer o ymdrech i gadw fy nyddiadur monitro. Dwi'n gwybod yn barod pa sefyllfaoedd sy'n fy sbarduno heb wneud unrhyw fonitro. Ydy hynna'n broblem?*

A: Mae hwnna'n gwestiwn anodd ei ateb heb wybod mwy am ba sefyllfaoedd rwyt ti wedi'u rhoi ar dy restr. Efallai fod gen ti gof anhygoel. Ond hyd yn oed os yw hynny'n wir, gallet ti golli sefyllfaoedd pwysig. Gallai eu gadael oddi ar dy restr wneud y rhaglen hon yn anoddach i ti nag mae angen iddi fod.

Dywedwn dy fod ti wedi bod braidd yn ddiamynedd oherwydd dy fod ti mor sicr dy fod ti eisoes yn gwybod beth yw dy sefyllfaoedd sbardun. Felly dwyt ti ddim ond yn rhestru'r sefyllfaoedd sy'n dy boeni fwyaf. Mae'n debyg y byddai hyn yn arwain at restr ag ystod gul o sefyllfaoedd â sgoriau SUDS eithaf uchel. Pan fyddi di'n dechrau amlygu, fydd gen ti mo'r fantais o allu dechrau gyda sefyllfaoedd sbardun sydd â sgoriau SUDS is. Fydd gen ti mo'r dewis i weithio arnyn nhw un cam bach ar y tro. Gallai hyn wneud y broses CBT yn llawer anoddach nag mae angen iddi fod i ti. Gallai hyd yn oed olygu nad wyt ti'n cwblhau cynllun amlygu, a fyddai'n cryfhau'r gred sydd gen ti nad wyt ti'n gallu ymdopi â bod mewn sefyllfaoedd cymdeithasol yn gyfforddus.

C: *Dwi wedi drysu ynglŷn â'r gwahaniaeth rhwng sefyllfaoedd sbardun ac is-sefyllfaoedd. Allwch chi ddweud mwy wrtha i am hynny?*

A: Pan fydda i'n sôn am 'sefyllfa sbardun', dwi'n golygu amgylchiadau cyffredinol pan wyt ti'n teimlo gorbryder ac anesmwythyd. Ond efallai fod llawer o wahanol bethau'n digwydd yn y lle hwnnw neu ar yr adeg honno. Efallai y bydd rhai o'r pethau hynny'n achosi mwy o orbryder i ti nag eraill.

Er enghraifft, efallai dy fod ti'n teimlo gorbryder wrth siarad o flaen eraill yn yr ysgol. Dyna dy sefyllfa sbardun gyffredinol. Ond nawr meddylia beth arall allai fod yn digwydd mewn sefyllfaoedd sy'n cynnwys siarad o flaen eraill. Yn y dosbarth Saesneg, gallai olygu sefyll a siarad ag ugain o blant am lyfr roeddet ti heb orffen ei ddarllen. Neu yn ystod cyfarfod clwb hacio, gallai olygu dweud wrth hanner dwsin o blant am god cyfrifiadurol rwyt ti wedi'i ysgrifennu. Neu, os wyt ti yn y clwb drama, gallai olygu adrodd araith ar y llwyfan o flaen cannoedd o bobl. Mae dy sgôr SUDS ar gyfer pob un o'r fersiynau hyn o'r un sefyllfa sbardun sylfaenol yn debygol o fod yn wahanol iawn.

Dyma le mae is-sefyllfaoedd yn berthnasol. Gallai fod yn ddefnyddiol rhannu dy sefyllfa sbardun cyffredinol o siarad o flaen eraill yn ddwy neu dair is-sefyllfa. Gallet ti wneud hyn ar sail faint o bobl sy'n bresennol neu ar sail pa mor wybodus wyt ti am y pwnc dan sylw. Er enghraifft, efallai y byddi di'n gwahaniaethu rhwng 'siarad o flaen fy nosbarth Saesneg' a 'siarad â phlant mewn clwb hacio' a 'siarad ar y llwyfan yn ystod perfformiad clwb drama'. Bydd nodi'r sefyllfaoedd penodol hyn yn ddefnyddiol pan fyddi di'n dechrau amlygu. Byddi di'n gallu dechrau gyda sefyllfaoedd haws a symud ymlaen yn ddiweddarach i rai mwy anodd.

C: *Fydd rhaid i fi amlygu ar gyfer sefyllfaoedd sbardun sydd â sgôr SUDS o 10? Os felly, dwi'n credu y bydda i'n rhoi'r ffidil yn y to nawr.*

A: Mae hwn yn bryder cyffredin ymysg pobl ifanc yn eu harddegau pan fyddan nhw'n dechrau'r broses CBT. Mae hefyd, gyda llaw, yn enghraifft o drychinebu a darogan y dyfodol, fel buon ni yn ei drafod ym mhennod 3.

Yr ateb yw *na*, fydd dim rhaid i ti amlygu dy hun i unrhyw sefyllfa sydd wedi cael sgôr SUDS o 10 gen ti. Neu ddim tra bod ganddi sgôr o 10 beth bynnag. Dim ond ar ôl i ti roi sgôr SUDS is i'r sefyllfaoedd hynny a phan fyddi di'n teimlo'n barod i fynd i'r afael â nhw y byddi di'n amlygu dy hun i'r sefyllfaoedd hynny.

Efallai dy fod ti'n meddwl, *Mae hynny'n amhosib. Wna i byth bythoedd ostwng fy sgôr SUDS o 10 ar gyfer y sefyllfa yna!* Dwi'n gwybod y gallai deimlo felly, ond mae dy ymennydd yn gallu dysgu'n gyflym iawn o brofiad. Os wyt ti'n poeni am orfod wynebu gormod o sefyllfaoedd sbardun neu sefyllfaoedd â sgôr SUDS o 10, galli di ymlacio. Fydd y rhestr o sefyllfaoedd sbardun wnest ti ei llunio a'r sgoriau roddaist ti yng ngham cyntaf dy broses CBT ddim yn aros yr un fath. Byddan nhw'n newid llawer wrth i ti barhau i weithio trwy'r camau. A dyna holl bwrpas y broses hon!

PENNOD 5

Adnabod ymddygiadau osgoi a diogelwch

Does neb eisiau teimlo poen nac anesmwythyd. Ac fel rwyt ti'n gwybod, mae gorbryder cymdeithasol yn gallu bod yn boenus ac yn anghyfforddus. Mae'n naturiol i ti feddwl am strategaethau fel nad oes rhaid i ti deimlo felly. Yn anffodus, fodd bynnag, dyw'r strategaethau hyn ddim yn cyflawni eu nod. Dyma rai enghreifftiau.

Mae Bella'n teimlo'n orbryderus pan mae'n rhaid iddi ddefnyddio toiled yr ysgol pan mae pobl eraill yno. Mae hi'n mynd i banig pan mae hi'n meddwl bod eraill yn gallu ei chlywed hi'n gwneud pi-pi. Weithiau mae hi'n methu'n gorfforol â gwneud pi-pi. Er mwyn osgoi'r sefyllfa boenus hon, mae gan Bella strategaeth: dyw hi ddim yn yfed o gwbl yn ystod y diwrnod ysgol. Ond os oes rhaid iddi fynd i'r toiled, mae hi'n gofyn am ganiatâd yn ystod amser dosbarth fel nad oes neb arall yno. Ond dim ond os oes rhaid mae hynny'n digwydd, oherwydd mae Bella hefyd yn teimlo embaras i adael yn ystod gwers.

Mae Keto wrth ei fodd yn chwarae drymiau yn y band gorymdeithio yn yr ysgol. Ac mae'n gwybod ei fod yn dda am chwarae'r drymiau. Mewn gemau pêl-droed, fodd bynnag, mae'n teimlo'n anghyfforddus. Pan fydd yr holl *jocks* a'r *cheerleaders* poblogaidd yn gwylio, mae'n poeni y byddan nhw'n meddwl ei fod yn *nerd*. Mae e'n arbennig o anghyfforddus pan mae'n gorfod gwisgo gwisg ych-a-fi. Wnaiff Keto ddim edrych i lygad neb ac mae'n gwneud ei orau i doddi i mewn i'r cefndir. Pan mae athletwyr, *cheerleaders*, ac eraill yn dweud wrtho ei fod e a'r band yn wych, mae'n dweud pethau fel,

"Trueni bod rhaid i ni edrych mor ddwl yn ein hetiau a'n gwisgoedd twp!" Mae'n tynnu ei wisg ar unwaith ac yn gadael y cae cyn gynted ag y mae arweinydd y band yn caniatáu.

Mae Amber yn bryderus ynglŷn â siarad â phobl dyw hi ddim yn eu hystyried yn ffrindiau agos. Mae hi'n cadw at ei ffrind gorau cymaint â phosib. Mae hi'n dibynnu ar ei ffrind i fod yn amddiffyniad rhyngddi hi a phlant eraill ac i siarad â nhw ar ei rhan. Pan mae'n rhaid i Amber gerdded ar ei phen ei hun rhwng dosbarthiadau, mae hi'n rhuthro allan o'r dosbarth yn gynnar fel na all neb siarad â hi.

Mae Bella yn canolbwyntio ar osgoi. Mae Keto yn defnyddio ymddygiadau diogelwch yn bennaf. Mae Amber yn defnyddio ymddygiadau osgoi ac ymddygiadau diogelwch. Mae pob un o'r tri yn dibynnu ar yr ymddygiadau hyn i ymdopi â bywyd bob dydd. Ond drwy wneud hynny, dydyn nhw ddim yn rhoi cyfle i'w hunain oresgyn eu gorbryder. I oresgyn eu gorbryder cymdeithasol, mae'n rhaid iddyn nhw adnabod eu hymddygiadau osgoi a diogelwch a rhoi'r gorau iddyn nhw'n raddol.

Rwyt ti'n mynd i weithio ar hyn yn y bennod hon. Byddi di'n ymchwilio i sut rwyt ti'n defnyddio ymddygiadau osgoi ac ymddygiadau diogelwch. Yn gyntaf, byddwn yn sôn am nodweddion yr ymddygiadau hyn a sut mae pobl ifanc yn eu harddegau fel arfer yn eu defnyddio, yn ogystal â pham mae'r ymddygiadau hyn yn gymaint o broblem. Yna byddi di'n mynd trwy dy holl sefyllfaoedd sbardun ac yn nodi'r ymddygiadau osgoi a diogelwch rwyt ti'n eu defnyddio ym mhob un ohonyn nhw.

YMDDYGIADAU OSGOI

Mae'n debyg mai osgoi sefyllfaoedd sy'n sbarduno anesmwythyd yw ffordd fwyaf cyffredin pobl ifanc yn eu harddegau o ddelio â gorbryder cymdeithasol. Ond mae gan bawb ffyrdd gwahanol o osgoi. Mae rhai ffyrdd yn fwy amlwg nag eraill. Gan adeiladu ar yr ymddygiadau osgoi cyffredin a restrir ym mhennod 1, dyma restr estynedig y galli di ei defnyddio wrth baratoi ar gyfer cam nesaf y broses CBT, lle byddi di'n nodi dy ymddygiadau osgoi dy hun:

- peidio â gwneud cyswllt llygad
- peidio â chodi dy law yn y dosbarth
- peidio â siarad yn y dosbarth
- peidio â dewis pwnc sy'n gofyn am gyflwyniadau llafar
- peidio â defnyddio'r camera mewn ystafell ddosbarth rithwir
- peidio â mynd i ddawns
- gadael digwyddiad yn gynnar
- peidio â bwyta o flaen pobl eraill
- peidio â siarad ar y ffôn o flaen pobl eraill
- peidio â defnyddio'r toiled o flaen pobl eraill
- dianc i'r llyfrgell
- cuddio yn y toiled
- sefyll y tu allan i grwpiau a pheidio â dweud dim
- treulio amser yn meddwl am esgusodion dros osgoi sefyllfa
- peidio â rhannu dy farn neu dy ddymuniadau
- dychmygu dy fod ti yn rhywle arall a ddim yn y sefyllfa bresennol.

Wrth edrych dros y rhestr hon, mae'n debyg y byddi di'n uniaethu â rhai o'r ymddygiadau yn fwy nag eraill. Efallai y bydd rhai'n ymddangos yn debyg i'r hyn rwyt ti'n ei wneud ond eto ddim yn union yr un fath. Yr hyn sydd ganddyn nhw i gyd yn gyffredin, serch hynny, yw strategaeth i osgoi sefyllfa sbardun.

Mae'r rhan fwyaf o'r gweithredoedd ar y rhestr yn enghreifftiau o ymddygiadau osgoi *uniongyrchol*. Ond mae rhai ymddygiadau osgoi yn cael eu hystyried yn rhai *anuniongyrchol* – hynny yw, dim ond yn dy feddwl di y maen nhw'n digwydd. Dwyt ti ddim yn gwneud yr ymddygiad mewn gwirionedd. Mae'r ymddygiad olaf ar y rhestr ('dychmygu dy fod ti yn rhywle arall a ddim yn y sefyllfa bresennol') yn anuniongyrchol. Dyma sut mae'n gallu gweithio: Dychmyga dy fod ti'n orbryderus iawn yn ystod amser egwyl yn yr ysgol. Pan fyddi di'n gweld criw mawr o blant yn yr un man â ti, rwyt ti'n dychmygu dy fod ti mewn maes awyr. Rwyt ti'n dweud wrthyt ti dy hun bod y plant yma i gyd yn ddieithriaid. Mae'r strategaeth hon yn lleihau dy orbryder yn yr eiliad honno. Rydyn ni'n galw hynny'n osgoi anuniongyrchol oherwydd dim ond yn dy feddwl rwyt ti'n gwneud hynny. Dwyt ti ddim mewn maes awyr mewn gwirionedd. Mae ymddygiadau osgoi anuniongyrchol yn cael yr un effaith annymunol â mathau eraill o ymddygiadau osgoi, ond dydyn nhw ddim mor amlwg i bobl eraill.

YMDDYGIADAU DIOGELWCH

Yn ogystal ag osgoi, efallai y byddi di hefyd yn cymryd rhan mewn ymddygiadau neu weithredoedd meddyliol i nodi'r canlyniadau rwyt ti'n eu hofni mewn sefyllfaoedd sbardun, a'u hatal. Fel sy'n digwydd yn achos ymddygiadau osgoi, efallai y byddi di'n dod o hyd i rai ymddygiadau diogelwch sydd wedi'u rhestru yma rwyt ti'n eu gwneud, eraill sy'n debyg, a rhai na fyddet ti byth yn eu gwneud. Edrycha ar y rhestr hon i weld beth sy'n taro tant:

- esgus peidio â gweld pobl eraill dwyt ti ddim yn eu hadnabod yn dda
- siarad yn ddistawach nag arfer
- siarad mewn brawddegau byrion
- ymarfer brawddegau yn dy feddwl cyn siarad â neb
- rhoi dy hun mewn sefyllfa lle na fydd neb yn sylwi arnat ti (mewn ystafell ddosbarth wyneb yn wyneb neu'n rhithiol)

- cadw dy hun yn brysur gyda dy ffôn
- gwisgo clustffonau
- yn dy feddwl, mynd dros beth ddywedaist ti, sut roedd e'n swnio, beth rwyt ti'n credu roedd eraill yn ei feddwl
- ceisio cadw rheolaeth gaeth dros dy ymddygiad
- edrych yn fanwl ar bobl a cheisio gweithio allan eu hymateb i ti
- gofyn i eraill am dy berfformiad neu sut roedden nhw'n gweld dy ymddygiad
- defnyddio alcohol neu gyffuriau eraill i dy helpu i ymlacio mwy
- cuddio dy weithredoedd gyda dy law, dy wallt, llyfr, neu eitem o ddillad
- chwilio am chwys neu gochni ar dy wyneb mewn drych
- treulio llawer o amser yn paratoi cyn sefyllfa gymdeithasol.

Oes rhai o'r ymddygiadau diogelwch hyn yn canu cloch? Unwaith eto, sampl bach sydd yma, a gall dy ymddygiadau di fod yn wahanol. Yn ogystal, efallai y byddi hi ychydig yn anodd i ti ddweud a yw rhai o'r pethau rwyt ti'n eu gwneud yn ymddygiadau osgoi neu'n ymddygiadau diogelwch. Paid â phoeni am hynny. Wrth i ti ddarllen ymlaen, fe weli di lawer o enghreifftiau o'r ddau fath, gan gynnwys pan fyddan nhw'n gorgyffwrdd. Yn bwysicaf oll, does dim rhaid i ti allu gwahaniaethu rhwng ymddygiadau osgoi ac ymddygiadau diogelwch ym mhob sefyllfa er mwyn llwyddo yn y rhaglen hon.

PAM MAE YMDDYGIADAU OSGOI AC YMDDYGIADAU DIOGELWCH YN ACHOSI PROBLEMAU

Erbyn hyn, mae'n debyg bod gen ti syniad go lew pam mae ymddygiadau osgoi ac ymddygiadau diogelwch yn achosi problemau.

Ond gad i ni dreulio ychydig mwy o amser ar hyn. Heb fynd yn rhy dechnegol, dwi am roi'r wybodaeth mae ei hangen arnat ti i ddeall yn iawn pam mae'r ymddygiadau hyn, sy'n ymddangos fel petaen nhw'n dy helpu i ymdopi, yn bwydo dy orbryder mewn gwirionedd. Maen nhw'n gwneud y gorbryder yn waeth. Mae hyn yn wir am ymddygiadau osgoi ac ymddygiadau diogelwch.

Dyma bedwar rheswm sy'n dangos pam mae unrhyw ymddygiadau osgoi neu ymddygiadau diogelwch rwyt ti'n eu gwneud yn broblem:

Rheswm 1: Mae'n dod yn arferiad.

Pan fyddi di'n osgoi gwneud rhywbeth, rwyt ti hefyd yn osgoi unrhyw ganlyniad negyddol a allai ddigwydd petaet ti'n gwneud yr ymddygiad hwnnw. Mae dy ymennydd yn profi rhyddhad dros dro pan fydd yr ymddygiad yn stopio neu'n atal gorbryder. Dros amser, mae dy ymennydd yn dysgu bod yr ymddygiad yn effeithiol ac yn dechrau dibynnu arno fwyfwy. Felly, mae'n dod yn arferiad. Ac unwaith y bydd arferiad yn cael ei ffurfio, gall fod yn anodd ei dorri.

Mae seicolegwyr yn galw hyn yn *atgyfnerthu negyddol.* Mae'n golygu dy fod ti'n osgoi gwneud rhywbeth fel na fydd rhywbeth drwg yn digwydd. Er enghraifft, oherwydd bod Bella yn osgoi defnyddio ystafell ymolchi'r ysgol, dyw hi ddim yn profi'r canlyniad negyddol o gael panig. Gan fod osgoi yn ei chadw rhag teimlo panig, mae hi'n ei wneud yn arferiad. Ar ôl ychydig, dyw hi ddim hyd yn oed yn meddwl am wneud dim byd yn wahanol. Yn syml, dyw hi ddim yn defnyddio ystafell ymolchi'r ysgol, oni bai bod argyfwng eithafol.

Mae *atgyfnerthu cadarnhaol* yn gweithio fel arall: rwyt ti'n cael dy wobrwyo am wneud rhywbeth yn dda. Er enghraifft, rwyt ti'n cael graddau da ac yna'n mynd allan am hufen iâ fel gwobr.

Mae dy ymennydd yn chwarae rôl fawr wrth ffurfio arferion. Rwyt ti'n gweld dy ymddygiadau osgoi ac ymddygiadau diogelwch fel achubwyr bywyd neu hafanau diogel. Er enghraifft, efallai y byddi di'n cadw agos at dy ffrind gorau fel na fyddi di'n teimlo'r anesmwythyd o fod ar dy ben dy hun o amgylch plant eraill. Neu efallai y byddi di'n cadw i wirio dy ffôn am yr un rheswm. Ond wrth i'r ymddygiadau hyn ddod yn arferiad, mae dy ymennydd hefyd yn eu cysylltu â pherygl.

Swnio fel 'mod i'n gwrth-ddweud fy hun? Meddylia am funud sut mae hyn yn gweithio. Dychmyga dy fod yn edrych ar dy ffôn pryd bynnag rwyt ti'n teimlo'n anghyfforddus yng nghwmni pobl; rwyt ti'n defnyddio dy ffôn fel achubiaeth. Neu dychmyga os mai'r unig le y byddi di'n bwyta yn yr ysgol yw yn y llyfrgell; rwyt ti'n gweld y llyfrgell fel dy hafan ddiogel. Dyw dy ffôn na'r llyfrgell eu hunain ddim yn achosi gorbryder. Ond mae meddwl gorbryderus yn canolbwyntio ar dy gadw'n ddiogel rhag perygl. Mae wastad yn cadw golwg am berygl. Yn y sefyllfa yma, mae fel petai dy ymennydd yn meddwl, O, *dwi'n defnyddio fy ffôn. Rhaid bod yna beryg gerllaw!* Neu *Dwi'n mynd i'r llyfrgell. Dyna ble dwi'n mynd pan mae yna drafferth.*

Felly hyd yn oed os wyt ti'n meddwl dy fod ti'n osgoi gorbryder, mae dy ymennydd wrthi fel lladd nadredd yn chwilio am arwyddion o berygl. Yn y pen draw, mae dy arferion osgoi a diogelwch yn cynyddu'r gorbryder rwyt ti'n ei deimlo.

Rheswm 2: Dwyt ti ddim yn dysgu dim byd newydd.

Os nad wyt ti byth yn mentro nac yn rhoi cynnig ar wneud rhywbeth gwahanol, wnei di ddim dysgu dim byd newydd. Os nad wyt ti'n mentro ac yn mynd ar feic, fyddi di byth yn dysgu sut mae reidio beic. Os nad wyt ti'n mynd i mewn i'r dŵr, wnei di ddim dysgu nofio. Mae'r un peth yn wir gyda gorbryder cymdeithasol. Os wyt ti'n parhau i wneud ymddygiadau osgoi a diogelwch, wnei di ddim dysgu na fydd dim byd ofnadwy yn digwydd mewn sefyllfa sy'n codi ofn arnat ti pan dwyt ti ddim yn defnyddio'r ymddygiadau hynny. Ar ben hyn oll, elli di ddim darganfod y gallai rhywbeth *da* ddigwydd. Elli di ddim dysgu dy fod ti'n gallu ymdopi ag achlysuron cymdeithasol anghyfforddus mewn gwirionedd.

Rwyt ti hefyd yn colli'r cyfle i ddatblygu sgiliau cymdeithasol. Hynny yw, dwyt ti ddim yn dysgu'r sgiliau cymdeithasol sylfaenol sydd angen i bawb eu gwybod er mwyn llwyddo mewn bywyd.

Rheswm 3: Rwyt ti'n colli allan ar bethau da.

Os wyt ti'n brysur yn gwneud ymddygiad osgoi neu ymddygiad diogelwch, mae'n debyg y byddi di'n colli cyfleoedd pwysig hefyd. Mae'n debyg na fyddi di'n sylwi ar unrhyw dystiolaeth sy'n dangos bod pobl *yn* dy hoffi di. Mae'n debyg na fyddi di'n sylweddoli eu bod nhw *yn* meddwl dy fod ti'n ddoniol, yn glyfar, yn ddeniadol, ac yn y blaen. Er enghraifft, er bod plant eraill yn hoffi Keto'n chwarae'r drymiau, doedd e ddim yn gallu teimlo'r cariad. Doedd e ddim yn gallu dysgu pe na bai'n gwneud yr ymddygiad diogelwch o newid allan o'i wisg, fyddai neb yn gwneud hwyl am ei ben. Yn wir, roedd y bobl hynny'n falch o adnabod cerddor mor dalentog – dim ots am y wisg hen ffasiwn.

Rheswm 4: Rwyt ti'n gwaethygu'r broblem.

Waeth sut rydyn ni'n teimlo am y peth, rydyn ni'n greaduriaid cymdeithasol. Fel creaduriaid cymdeithasol, rydyn ni'n sylwi'n naturiol ar ymddygiad ein gilydd ac yn ceisio gwneud synnwyr ohono. Mae hyn yn cynnwys unrhyw ymddygiadau osgoi a diogelwch rydyn ni'n eu gwneud. Oni bai eu bod yn anuniongyrchol, mae'r ymddygiadau hyn yn cyhoeddi eu hunain i'r byd. Er enghraifft, os wyt ti'n osgoi pobl eraill, byddan nhw'n sylwi ac efallai y byddan nhw'n dechrau dy osgoi di, gan wneud y broblem yn waeth y tro nesaf y byddi di angen neu eisiau siarad â nhw.

Ystyria ymddygiad Amber o osgoi siarad â neb dyw hi ddim yn ei adnabod yn dda. Wyt ti'n meddwl bod plant eraill yn sylwi? Wrth gwrs eu bod nhw. A beth rwyt ti'n meddwl yw eu barn nhw am ei hymddygiad hi? Er bod Amber yn gwneud yr ymddygiadau hynny oherwydd ei bod hi'n teimlo'n fwy cyfforddus ac yn fwy diogel, mae plant eraill yn eu dehongli yn eu ffyrdd eu hunain. Efallai y byddan nhw'n penderfynu ei bod hi'n ffroenuchel am ei bod yn gwneud fawr ddim â neb. Os na fyddai Amber yn osgoi'r plant eraill, mae'n debyg na fydden nhw'n meddwl rhyw lawer amdani, un ffordd neu'r llall. Ond mae ei hymddygiad yn tynnu sylw ati'i hun. Hyd yn oed os nad oedd gan blant eraill ddim byd yn ei herbyn yn wreiddiol, mae ei gweld hi'n eu hosgoi yn gwneud iddyn nhw fod eisiau ei hosgoi hi hefyd. Hynny yw, mae ymddygiad Amber yn bwydo'r broblem - mae ei gorbryder yn achosi ei gorbryder. Mae ymddygiad a oedd i fod i'w gwarchod rhag cael ei gwrthod yn arwain at wrthod go iawn.

RHESTRU DY YMDDYGIADAU OSGOI A DIOGELWCH

Yn y cam hwn o'r broses CBT, byddi di'n nodi'r ymddygiadau osgoi ac ymddygiadau diogelwch rwyt ti'n eu defnyddio ym mhob un o dy sefyllfaoedd sbardun. Mae angen i ti eu hadnabod nhw nawr fel y byddi di'n gwybod pa ymddygiadau i beidio â'u gwneud pan fyddi di'n adeiladu dy ysgol amlygu yn y bennod nesaf.

Dechreua gyda dy restr o sefyllfaoedd sbardun. Cer i nôl y rhestr o sefyllfaoedd sbardun y gwnest ti ym mhennod 4. Gofala fod y golofn â dy sgoriau SUDS wedi'i llenwi ar gyfer pob sefyllfa. Gall y sefyllfaoedd ar y rhestr hon fod yn rhai rwyt ti eisiau eu hosgoi, yn rhai lle'r wyt ti'n gwneud ymddygiadau diogelwch, neu'n rhai sydd â chyfuniad o'r ddau fath o ymddygiad. Yn yr ymarfer hwn, byddi di'n edrych ar ymddygiadau osgoi a diogelwch.

Mae angen set o gardiau mynegai arnat ti. Galli di ddefnyddio cardiau mynegai papur hen ffasiwn neu rai digidol. Mae pob math o apiau cardiau mynegai ar gael. Efallai dy fod ti eisoes yn defnyddio un ar gyfer gwaith ysgol.

Ysgrifenna bob un o dy sefyllfaoedd sbardun ar flaen cerdyn mynegai ar wahân. Defnyddia un cerdyn ar gyfer pob sefyllfa. Yn dibynnu ar faint o sefyllfaoedd sydd gen ti, byddi di'n adeiladu dec bach o gardiau.

Cer drwy dy gardiau. Gan ddefnyddio dy gardiau mynegai, cer drwy dy sefyllfaoedd sbardun i gyd un ar y tro. Galli di wneud hyn fel gêm. Cymysga'r cardiau ac yna dewisa gerdyn. Yna dewisa un arall, heb fod mewn unrhyw drefn benodol.

Ar gyfer pob cerdyn, dychmyga fod yn y sefyllfa sbardun honno. Meddylia am yr hyn rwyt ti'n ei wneud fel arfer cyn, yn ystod, ac ar ôl y sefyllfa honno i ddelio â dy anesmwythdra. Gofynna i ti dy hun:

Pa ymddygiadau osgoi rydw i'n eu defnyddio?

Pa ymddygiadau diogelwch rydw i'n eu defnyddio?

Er mwyn bod yn fwy manwl, gall fod yn ddefnyddiol gofyn i ti dy hun am bob ymddygiad:

Pryd rydw i'n ei wneud?

Ydy e'n rhywbeth dwi'n ei wneud neu'n rhywbeth anuniongyrchol dwi jest yn meddwl am ei wneud?

Nawr tynna linell i lawr canol cefn pob cerdyn mynegai. Yna tynna un llinell fertigol tua hanner modfedd i'r chwith o'r llinell ganol, a llinell fertigol arall tua hanner modfedd o ymyl dde'r cerdyn. Bydd gen ti bedair colofn. Yn y golofn lydan ar y chwith, noda'r ymddygiadau osgoi rwyt ti'n eu gwneud yn y sefyllfa honno. Yn y golofn lydan ar y dde, noda'r ymddygiadau diogelwch rwyt ti'n eu gwneud. Os nad wyt ti'n siŵr a yw ymddygiad yn un osgoi neu'n un diogelwch neu'r ddau, paid â phoeni. Rho'r ymddygiad ym mha golofn bynnag sy'n gwneud y mwyaf o synnwyr i ti nawr.

Ym mhennod 6, byddi di'n defnyddio'r colofnau cul i gofnodi dy sgôr SUDS am fod yn y sefyllfa sbardun honno heb wneud pob un o'r ymddygiadau. Gad y colofnau hyn yn wag am y tro. Ond cofia gadw dy gardiau'n saff. Byddi di'n eu defnyddio eto.

Adroddiad Martin

Gad i ni weld sut wnaeth Martin asesu ei ymddygiadau osgoi a diogelwch. Mae wedi creu ei gardiau mynegai ar gyfer ei sefyllfaoedd sbardun. Dyma ddetholiad o'i restr o sefyllfaoedd sbardun i dy atgoffa di.

Sefyllfa Sbardun	Sgôr SUDS
Deffro ar ddiwrnod ysgol a meddwl pa ddosbarthiadau sydd gen i	4-5
Cerdded heibio lolfa'r myfyrwyr	6
Dosbarth Saesneg	6-9

Y cerdyn mynegai cyntaf i fi edrych arno oedd ar gyfer y sefyllfa sbardun 'Deffro ar ddiwrnod ysgol a meddwl pa ddosbarthiadau sydd gen i.' Dechreuais trwy ofyn sut dwi'n teimlo ac yn ymddwyn pan dwi'n deffro. Dwi wastad yn teimlo'n anesmwyth nes 'mod i'n sicr does gen i ddim Gwleidyddiaeth y Byd neu Saesneg. Felly dwi'n meddwl a oes gen i'r dosbarthiadau hynny. Dwi hefyd yn meddwl a fydd yn rhaid i fi gerdded heibio lolfa'r myfyrwyr. Dwi'n ceisio cynllunio fy niwrnod er mwyn osgoi treulio amser mewn unrhyw ardal brysur.

Fe wnes i sylweddoli fod y rhan fwyaf o'r hyn sy'n digwydd pan dwi'n deffro yn osgoi anuniongyrchol. Dwi'n meddwl am sut i osgoi'r sefyllfaoedd yn ddiweddarach. Y prif ymddygiad diogelwch dwi'n ei wneud ar ôl deffro yw gwisgo dillad di-nod dwi'n meddwl fydd ddim yn tynnu sylw. Fe wnes i ysgrifennu'r holl ymddygiadau hyn ar gefn fy nghherdyn mynegai. Fe wnes i ychwanegu colofnau fel y galla i wneud sgôr SUDS ar gyfer pob ymddygiad maes o law.

Tu blaen y cerdyn:

Deffro ar ddiwrnod ysgol SUDS 4-5

Tu ôl y cerdyn:

Osgoi	SUDS	Diogelwch	SUDS
Meddwl am golli'r dosbarth		Meddwl a oes dosbarthiadau sbardun	
Meddwl am osgoi criwiau mawr		Dewis dillad di-nod	

Y cerdyn nesaf gwnes i ei dynnu oedd 'Cerdded heibio lolfa'r myfyrwyr'. Pryd bynnag dwi'n cerdded heibio'r lolfa, dwi'n trio gweld pwy sydd yno. Os ydy Spencer a

Resse yno, dwi'n ocê. Ond os yw Sarah, Peter, Franco, neu unrhyw blant poblogaidd eraill yno, dwi'n mynd yn eithaf nerfus.

Weithiau dwi'n rhuthro i gyrraedd fy nosbarth nesaf yn gynnar. Mae hynny'n ymddygiad osgoi am ei fod yn fy nghadw i i ffwrdd o'r lolfa. Dwi i hefyd yn cynllunio sut gallwn i ddianc i fy locer neu'r llyfrgell os yw bod wrth ymyl lolfa'r myfyrwyr yn achosi gormod o straen i fi. Dro arall fe fydda i'n esgus 'mod i'n brysur yn edrych ar fy ffôn. Mae'n siŵr bod hynny'n ymddygiad diogelwch. Ond mae hefyd yn fath o ymddygiad osgoi. Os dwi'n cadw fy nghlustffonau ymlaen ac yn cadw'n brysur ar fy ffôn, dwi felly'n gallu osgoi cyswllt llygad. Fe wnes i ysgrifennu fy ymddygiadau osgoi a diogelwch i gyd ar gefn fy nghherdyn.

Tu blaen y cerdyn:

Cerdded heibio lolfa'r myfyrwyr SUDS 6

Tu ôl y cerdyn:

Osgoi	SUDS	Diogelwch	SUDS
Osgoi cyswllt llygad		Rhuthro heibio	
Meddwl am osgoi criwiau mawr		Defnyddio fy ffôn a fy nghlustffonau	
Dianc i'r locer neu i'r llyfrgell			

Yna fe wnes i dynnu'r cerdyn ar gyfer dosbarth Saesneg. Os dwi'n gwybod i sicrwydd ei fod yn ddiwrnod darllen barddoniaeth yn uchel, dwi'n meddwl am beidio â mynd i'r dosbarth. Dwi'n gofyn i Mam ysgrifennu nodyn er mwyn i fi allu golli'r wers. Er nad yw hi'n fodlon gwneud hynny rhagor, dwi'n dal i ofyn. Os dwi wir yn poeni, dwi'n esgus bod yn sâl. Fe wnes i ysgrifennu'r ymddygiadau osgoi hynny ar fy nghерdyn.

Dwi'n meddwl llawer am golli Saesneg, ond dwi'n gorfod mynd yn y diwedd gan amlaf. Er mwyn peidio â denu sylw, dwi'n eistedd yng nghefn yr ystafell. Dwi'n cymryd arna i 'mod i'n brysur fel na fydd Mr Riordan yn galw fy enw. Dydw i ddim yn siarad oni bai ei fod e'n gofyn cwestiwn i fi. Yna dwi'n trio ei gael drosodd mor gyflym â phosib. Dwi'n rhoi atebion byr ac yn siarad yn gyflym a ddim yn uchel iawn. Mae'r rheiny i gyd yn ymddygiadau diogelwch.

Yn syth ar ôl i fi orffen siarad yn y dosbarth, dwi'n dechrau meddwl tybed a wnes i ddweud rhywbeth o'i le neu ymddwyn yn rhyfedd. Dwi'n mynd drosto eto ac eto yn fy meddwl. Mae fy llais i'n swnio mor wichlyd a thwp, dwi'n siŵr bod y plant eraill yn meddwl 'mod i'n lembo. Dwi'n casáu pan fydd Mr Riordan yn dweud ei fod yn hoffi fy ateb oherwydd yna mae pawb yn edrych arna i. Dwi'n dechrau crynu a chwysu. Dwi'n rhoi fy nwylo yn fy mhocedi ac yn codi fy hwd fel nad yw'r lleill yn gallu fy ngweld i'n dda. Dwi'n methu aros i adael y dosbarth yna. Fe sylweddolais i 'mod i'n gwneud llawer o ymddygiadau diogelwch yn Saesneg. Felly fe wnes i eu hychwanegu nhw i gyd at y cerdyn.

Tu blaen y cerdyn:

Dosbarth Saesneg SUDS 6-9

Tu ôl y cerdyn:

Osgoi	SUDS	Diogelwch	SUDS
Ceisio cael fy esgusodi o'r dosbarth		Eistedd yn y cefn	
Meddwl am golli'r dosbarth		Cymryd arna i 'mod i'n brysur	
Meddwl am adael y dosbarth		Peidio â gwneud cyswllt llygad	
Ffugio bod yn sâl		Siarad yn gyflym	
		Siarad mewn llais tawel	
		Rhoi fy nwylo yn fy mhocedi	
		Rhoi hŵd dros fy mhen	
Dal i fynd dros beth dwi'n meddwl roedd eraill yn ei feddwl am yr hyn ddywedais i			

CWESTIYNAU CYFFREDIN

C: *Fe ddywedoch chi does dim ots, ond mae ceisio gweld y gwahaniaethau rhwng fy ymddygiadau osgoi a diogelwch yn achosi straen i fi. Beth dylwn i ei wneud?*

A: Paid â phoeni am hyn, wir! Mae llawer o orgyffwrdd rhyngddyn nhw. Yn y bôn, mae llawer o therapyddion yn sôn am yr ymddygiadau hyn gyda'i gilydd wrth esbonio sut i amlygu. Mae rhai ymchwilwyr yn eu hystyried gyda'i gilydd wrth astudio effeithiau amlygu. Y rheswm dwi'n eu gwahanu yma yw er mwyn i ti allu deall dy ymddygiadau dy hun yn well. Petawn i'n cyfeirio atyn nhw fel 'ymddygiadau diogelwch' yn unig, efallai y byddet ti'n colli ymddygiadau rwyt ti'n eu gwneud i osgoi neu ddianc rhag sefyllfaoedd sbardun. Petawn i'n cyfeirio atyn nhw fel 'ymddygiadau osgoi' yn unig, efallai y byddet ti'n colli'r rhai rwyt ti'n eu gwneud i gadw'n ddiogel. Dwi eisiau gwneud yn siŵr nad wyt ti'n colli dim byd!

Er enghraifft, meddylia am yr ymddygiad o beidio â gwneud

cyswllt llygad. Dychmyga dy fod ti'n agosáu at grŵp o blant ac mae gen ti ofn y byddan nhw'n tynnu dy goes. Rwyt ti eisiau eu hosgoi. Felly wrth i ti eu pasio, rwyt ti'n edrych y ffordd arall. Drwy beidio ag edrych arnyn nhw, rwyt ti'n gwneud ymddygiad osgoi. Nawr, dychmyga dy fod ti yn y dosbarth ac rwyt ti'n poeni y bydd yr athro yn dweud dy enw. Felly rwyt ti'n mabwysiadu ymddygiad diogelwch o gadw i edrych ar y deunydd darllen a byth ar yr athro. Gallet ti ddweud dy fod ti'n 'osgoi' yr athro, ond gallet ti hefyd ystyried hyn yn ffordd o gadw dy hun yn 'ddiogel' yn y dosbarth.

Y prif bwynt, fodd bynnag, yw nad yw'r gwahaniaeth hwn o bwys o ran trechu gorbryder cymdeithasol. Yr hyn sy'n bwysig yw dy fod ti'n adnabod yr ymddygiadau rwyt ti'n dibynnu arnyn nhw mewn sefyllfaoedd sbardun ac yna'n amlygu fel y galli di fod yn y sefyllfaoedd hynny a theimlo llai o orbryder.

C: *Ydy hi byth yn iawn i ni ddefnyddio ymddygiadau osgoi a diogelwch? Dwi'n hoffi rhai ohonyn nhw.*

A: Yn gyffredinol, mae rhai ymddygiadau osgoi a diogelwch yn iach iawn. Efallai y bydd hynny'n dy synnu, ond meddylia am y peth. Meddylia am deigr gwyllt rhydd yn agosáu atat ti. Osgoi'r teigr hwnnw fyddai'r peth doethaf i'w wneud oni bai dy fod ti eisiau colli dy ben. Dyna enghraifft o ymddygiad osgoi clyfar. Yn yr un modd, rydyn ni'n gwisgo gwregysau diogelwch i atal niwed difrifol mewn damwain car. Mae gwisgo gwregys diogelwch yn ymddygiad diogelwch sy'n gallu achub dy fywyd.

Ond mae'n siŵr mai'r hyn rwyt ti wir yn ei ofyn yw a yw hi byth yn iawn i ni ddefnyddio ymddygiadau osgoi a diogelwch pan does dim perygl neu fygythiad gwrthrychol i dy ddiogelwch. Dyna sy'n digwydd yn achos gorbryder cymdeithasol. Oherwydd nad wyt ti mewn unrhyw berygl mewn gwirionedd dyw'r ymddygiadau hynny'n ddim yn dy amddiffyn o gwbl. Yn hytrach – fel y gweli di wrth i ti fynd trwy bum cam y Rhaglen Lleddfu Gorbryder Cymdeithasol

CBT – maen nhw'n dy gaethiwo di mewn gorbryder. Felly, na, dwyt ti ddim am barhau i ddefnyddio'r ymddygiadau hyn. Dal ati i osgoi teigrod gwyllt. A gwisga dy wregys diogelwch.

C: *Dydw i ddim yn credu y gallwn i fyth fod mewn sefyllfa sbardun heb wneud rhai o fy ymddygiadau diogelwch. Sut dwi'n i'n dal ati, a'r cyfan yn edrych fel y gallai bara'n ddiddiwedd?*

A: Dwi'n deall yn iawn. A dwi'n clywed dy gwestiwn yn aml. Weithiau pan dwi'n gweithio gyda pherson ifanc yn ei arddegau yn fy swyddfa, mae nifer yr ymddygiadau yn ymddangos yn llethol hyd yn oed i fi. Ond dwi wedi dysgu i ymddiried yn y broses CBT. A dwi'n gofyn i ti ymddiried ynof i: wna' i ddim dy siomi!

Y peth pwysicaf yw dechrau arni. Paid â gwastraffu amser yn ceisio dyfalu pa mor anodd fydd y broses na pha mor hir y bydd hi'n cymryd. Bydd hynny'n wahanol i bob un ohonon ni.

Meddylia am hyn o safbwynt yr hyn rwyt ti newydd ei ddysgu: dim ond ymddygiad diogelwch arall yw ceisio cael sicrwydd am ganlyniad y broses hon mewn gwirionedd. Mae'n ffordd o amddiffyn dy hun rhag cymryd mentro a rhoi cynnig arni. Mae'n rheswm i osgoi gwneud dim byd.

Ar ôl i ti ddechrau'r broses hon, bydd dy ymennydd yn dechrau dysgu, a byddi di'n raddol yn dechrau teimlo rhyddhad o dy orbryder. Gyda rhyddhad, daw mwy o ddewrder a chymhelliant i roi'r gorau i fwy a mwy o'r ymddygiadau hyn. Bydd yr enillion rwyt ti'n eu gwneud yn cael eu penderfynu gan faint o waith caled rwyt ti'n fodlon ei roi yn y broses. Pan ac os wyt ti'n teimlo bod y broses yn dy lethu, fy nghyngor yw gwneud rhywbeth am y peth yn hytrach na phoeni amdano. Wna i ddangos i ti sut mae gwneud hyn yn y bennod nesaf.

PENNOD 6

Adeiladu ysgol amlygu

Mae hi nawr yn bryd i ni gymryd y cam nesaf ar y daith hon: dysgu am amlygu, ei gynllunio a'i gynnal. Amlygu yw'r ffordd fwyaf effeithiol un o leddfu problemau gorbryder o bob math, gan gynnwys gorbryder cymdeithasol. Yn y bennod hon, byddi di'n dysgu mwy am beth yw amlygu a sut mae gwneud hyn. Byddi di'n cymryd y cam cyntaf i gynllunio arbrawf amlygu: creu ysgol amlygu.

Un o'r ffyrdd gorau o ddysgu sut i amlygu yw clywed sut mae pobl ifanc eraill yn eu harddegau wedi'i wneud, felly dwi wedi cynnwys cymaint o enghreifftiau â phosib. Rydyn ni wedi dilyn Martin wrth iddo roi trefn ar ei sefyllfaoedd sbardun a nodi ei ymddygiadau osgoi a diogelwch ar gyfer pob sefyllfa. Yn y bennod hon, byddi di'n cwrdd ag Alexa.

Mae Alexa yn mynd yn orbryderus mewn unrhyw sefyllfa lle mae'n rhaid iddi siarad â phlant dyw hi ddim yn eu hadnabod yn dda, neu o'u blaenau nhw – yn y ffreutur, yn y dosbarth, neu mewn parti. Mae Alexa bob amser yn dod â'i chinio fel nad oes raid iddi fynd i mewn i'r ffreutur a chymysgu â'r disgyblion eraill. Ond all hi ddim osgoi siarad yn y dosbarth yn llwyr – ddim os yw hi eisiau parhau i gael graddau da.

Er enghraifft, un diwrnod, cyn arholiad astudiaethau cymdeithasol, mae Ms Muñoz yn gofyn i'r dosbarth ffurfio grwpiau astudio o chwe myfyriwr. Mae Alexa'n cael ei rhoi mewn grŵp gyda disgyblion sydd i gyd yn hoffi siarad. Mae hyn yn gwneud cymryd rhan yn gymharol hawdd: mae hi'n gallu eistedd yno a nodio ei phen.

Yna mae un myfyriwr yn dweud, "Dydw i ddim yn deall y coleg

etholiadol. Beth mae'n ei wneud?"

Does neb arall yn gwybod yr ateb. Felly maen nhw i gyd yn edrych ar Alexa.

"Dere," medd y myfyriwr cyntaf. "Ti'n gwybod y pethau yma. Esbonia fe i ni."

"Ie," meddai ail fyfyriwr, "paid â'n gadael ni yn y tywyllwch."

Mae'r lleill yn chwerthin. Mae Alexa'n meddwl ei bod hi'n gallu clywed un o'r plant yn mwmian "gwybod y cwbl". Wrth iddi edrych arnyn nhw, i gyd yn syllu arni, yn aros iddi siarad, mae hi'n rhewi. Mewn gwirionedd, mae Alexa yn gwybod yr ateb. Ysgrifennodd adroddiad arbennig ar y coleg etholiadol. Ond erbyn hyn mae'n teimlo bod ei chalon yn rasio a'r gwaed yn rhuthro i'w phen, a phrin y gall hi ddweud gair.

"Yr hyn... yr hyn yw e yw..." mae'n dweud ag atal, gan geisio cadw ei llais rhag swnio'n grynedig, "sut mae'r pleidleisiau go iawn yn cael eu bwrw mewn etholiad."

Wrth iddi siarad, mae ei meddwl yn sgrechian arni, *Ti'n dwp! Dyw hynna ddim hyd yn oed yn gywir.* Mae'n casáu nad oes ganddi reolaeth dros ei llais ac y gallai'r disgyblion eraill sylwi ar yr arwyddion corfforol hyn o'i gorbryder. Mae hi'n teimlo embaras y byddan nhw'n meddwl ei bod hi'n ffwndro, yn dwp ac yn lletchwith.

Byddwn yn dilyn Alexa wrth iddi baratoi ar gyfer ei harbrawf amlygu cyntaf. Ond yn gyntaf gad i ni ddechrau drwy sôn am amlygu yn gyffredinol fel bod gen ti well syniad o'r hyn byddi di'n ei wneud a pham maen nhw mor effeithiol.

BETH YW AMLYGU?

Mae 'amlygu' – *exposure* – yn golygu bod mewn cysylltiad â rhywbeth mewn ffordd sy'n caniatáu i ti ei brofi'n llawn. Galli di gael dy amlygu i lawer o bethau: tywydd garw, barddoniaeth, yr haul, bwyd *gourmet*, feirws, syniadau newydd, cerddoriaeth, a mwy. Wrth gwrs, mae gwahanol raddau o amlygu. Ac efallai y byddi di eisiau ambell fath o amlygu ond ddim rhai eraill.

Yn CBT, mae 'amlygu' yn golygu dod i gysylltiad â sefyllfa sy'n sbarduno ofn a gorbryder, ond nad yw'n achosi unrhyw berygl gwirioneddol, a pheidio â gwneud ymddygiadau osgoi neu ddiogelwch. Fel y buon ni'n trafod yn y bennod ddiwetha, os oes gen ti orbryder cymdeithasol, rwyt ti'n dehongli gwahanol sefyllfaoedd cymdeithasol fel rhai peryglus hyd yn oed pan dydyn nhw ddim yn beryglus. Efallai dy fod ti'n anesmwyth ynddyn nhw, ond dyw'r sefyllfaoedd hyn ddim yn achosi unrhyw berygl gwirioneddol.

Rwyt ti hefyd yn gwybod o'r bennod ddiwetha faint o broblem yw dibynnu ar ymddygiadau osgoi a diogelwch a'u bod nhw'n gwneud y broblem yn waeth. Rwyt ti'n gaeth mewn cylch o orbryder. Yr hyn rwyt ti am ei wneud yn hytrach yw torri'r cylch afiach hwn ac amlygu dy hun ychydig bach ar y tro i sefyllfaoedd anesmwyth. Mae gwneud hynny'n raddol yn dy helpu i ddod i arfer â'r sefyllfa a theimlo'n gyfforddus ynddi.

Mae amlygu yn debyg i ddysgu unrhyw beth newydd: rwyt ti'n ei rannu'n ddarnau llai y galli di ymdopi â nhw ac yna'n ymarfer nes dy fod ti'n gallu gwneud un darn yn dda cyn symud ymlaen i'r nesaf. Er enghraifft, dychmyga dy fod ti'n penderfynu sgïo lawr llethr diemwnt du dwbl am y tro cyntaf (mae'n debyg bod angen i ti feistroli llethr diemwnt du sengl yn gyntaf). Neu os mai dy nod di yw dylunio gêm fideo, mae angen i ti ddysgu sut i godio yn gyntaf. Mae'r un peth yn wir am amlygu: rwyt ti'n dechrau gyda'r pethau sylfaenol ac yn dal ati i ymarfer wrth i ti weithio dy ffordd i fyny.

Does dim ots beth rwyt ti'n ei ddysgu mewn bywyd, mae poen, rhwystredigaeth, lletchwithdod, gwefr, embaras, blinder, cyffro, ac ofn i gyd yn bosib. Felly pam fyddet ti'n rhoi dy hun yn y fath sefyllfa? Pam fyddet ti'n goddef rhai o'r teimladau hyn? Am dy fod ti eisiau cyrraedd pa nod bynnag rwyt ti wedi'i osod i dy hun mae'n debyg. Rwyt ti'n gwybod os byddi di'n oedi neu'n dal yn ôl, fyddi di ddim yn dysgu'r hyn rwyt ti eisiau ei ddysgu. Felly rwyt ti'n ymarfer. Rwyt ti'n cymryd risgiau diogel. Rwyt ti'n adeiladu dy sgiliau. Rwyt ti'n goddef ambell gwymp a cham gwag. Rwyt ti'n gwneud hynny i gyd oherwydd dy fod ti'n gwybod mai dyna sydd ei angen i wneud cynnydd.

Mae trechu gorbryder cymdeithasol yn union yr un fath. Efallai y bydd yn teimlo'n wahanol oherwydd dwyt ti erioed wedi dysgu sut i'w drechu. Hyd yn oed os wyt ti wedi gweld gweithiwr iechyd meddwl proffesiynol am dy orbryder cymdeithasol, mae'n debyg nad oedd hynny wedi helpu oni bai bod hynny wedi cynnwys amlygu. I ddysgu unrhyw sgìl newydd, mae'n rhaid i ti ymarfer. Ac mae angen rhywun sy'n gallu dangos i ti sut i wneud y sgìl. Er enghraifft, os wyt ti am ddysgu sut i wneud tro dwbl wrth sglefrio iâ, mae angen hyfforddwr sglefrio iâ arnat ti. Yn yr un modd, gyda gorbryder cymdeithasol, mae angen rhywun sy'n gallu dy ddysgu di sut i amlygu. Dyma 'ngwaith i (a'r llyfr yma!)

Un rheswm pam mae'r broses CBT yn effeithiol yw bod modd ei chwblhau'n raddol. Dyw hi ddim fel bedydd tân, lle'r wyt ti naill ai'n suddo neu'n nofio. Petai hynny'n wir, byddai'n anodd i'r rhan fwyaf o bobl fagu'r dewrder i amlygu. Byddai'n rhy anodd. Ond os wyt ti'n dechrau gydag amlygu haws ac yn gweithio dy ffordd i fyny, byddi di'n gweld dy fod yn gallu ei drin, a gwneud yr amlygu a fydd yn dy ryddhau o orbryder cymdeithasol.

Yn y bennod hon, byddi di'n cynllunio mathau o amlygu sydd â chyfres o gamau sy'n gadael i ti fynd i'r afael â dy sefyllfaoedd sbardun yn raddol. Yn hytrach na chael gwared ar dy holl ymddygiadau osgoi a diogelwch ar yr un pryd, byddi di'n mynd i'r afael â nhw gam wrth gam ac ar dy gyflymder dy hun. Ti fydd yn rheoli'r broses. Mae hynny hefyd yn golygu y bydd angen i ti longyfarch dy hun bob tro y byddi di'n symud tuag at sefyllfa sy'n codi ofn arnat ti a chyflawni'r nod o deimlo mai ti sy'n rheoli.

BETH FYDDI DI'N EI DDYSGU GAN AMLYGU?

Bob trwy rwyt ti'n dy amlygu dy hun i rywbeth, byddi di'n dysgu am dy allu i fod yn y sefyllfa honno. Ond does dim rhaid i ti gymryd fy ngair i. Dyma rai pethau cyffredin mae pobl ifanc yn eu harddegau yn dweud eu bod wedi dysgu wrth amlygu.

1. "Wnaeth fy ofnau gwaethaf i ddim dod yn wir. Os oedd rhywbeth yn digwydd, doedd e ddim mor anghyfforddus ag o'n i'n meddwl y byddai."
2. "Pan dydw i ddim yn gwneud ymddygiadau osgoi a diogelwch, does dim byd drwg yn digwydd."
3. "Dydw i ddim yn gallu delio â theimlo rhywfaint o orbryder, a dwi'n teimlo'n iawn eto yn eithaf cyflym wedyn."
4. "Dyw'r hyn ro'n i'n poeni fyddai'n digwydd ddim wedi digwydd. Dwi bob amser yn synnu cymaint YN haws yw amlygu ar ôl ei wneud nag o'n i'n meddwl y byddai cyn i fi ei ddechrau."
5. "Dyw pobl eraill ddim yn sylwi arna i gymaint â dwi'n meddwl. Does neb wedi dweud wrtha i 'mod i'n od na dim byd drwg fel 'na."
6. "Hyd yn oed pan dwi'n gwneud rhywbeth sy'n codi embaras, dyw e ddim mor ofnadwy â hynny. Weithiau mae hyd yn oed yn ddoniol i fi."
7. "Dydw i ddim mor lletchwith yn gymdeithasol ag o'n i wedi meddwl. Hyd yn oed os dwi'n nerfus, dwi'n gallu cael sgwrs neu ofyn neu ateb cwestiwn neu ddau."
8. "Am syrpréis! Mae plant eraill yn hoffi siarad â fi."

MATHAU O AMLYGU

Cyn i ti ddechrau cynllunio dy amlygu, mae'n ddefnyddiol gwybod am y tri phrif fath: *amlygu* in vivo, *amlygu dychmygol*, ac *amlygu i synwyriadau corfforol gorbryder*. Byddi di'n amlygu *in vivo* gan mwyaf, ond bydd y mathau eraill yn helpu mewn rhai achosion.

Amlygu *in vivo*

Mae'r geiriau Lladin *in vivo* yn golygu 'yn y byw'. Hynny yw, mewn bywyd go iawn, nid mewn sefyllfa labordy nac yn dy ddychymyg. Mae amlygu *in vivo* yn cael ei wneud mewn sefyllfaoedd go iawn. Bydd dy amlygu wedi'i gynllunio fel dy fod ti yn dy sefyllfa sbardun mewn bywyd go iawn, heb gymryd rhan mewn ymddygiadau osgoi neu ddiogelwch.

Bydd y rhan fwyaf o'r amlygu rwyt ti'n ei wneud o'r math hwn. Dyma dair enghraifft.

- Un o sefyllfaoedd sbardun Alexa yw bod yn ffreutur yr ysgol. Ei hamlygu *in vivo* fydd mynd at y ffreutur neu fynd i mewn i'r ffreutur heb wneud ei hymddygiadau osgoi a diogelwch arferol.
- Mae Troy yn teimlo gorbryder yng nghwmni bechgyn sy'n ddeniadol iddo ac y byddai'n hoffi mynd ar ddêt gyda nhw. Ei amlygu *in vivo* fydd bod yng nghwmni bachgen deniadol, neu siarad ag e, heb wneud ei ymddygiadau osgoi a diogelwch arferol.
- Mae Chris yn anghyfforddus iawn os oes rhaid iddi eistedd yn rhes flaen y dosbarth. Ei hamlygu *in vivo* fydd eistedd yn nes at y rhes flaen neu yn y rhes flaen heb wneud ei hymddygiadau osgoi a diogelwch arferol.

Amlygu dychmygol

Amlygu dychmygol yw'r hyn byddet ti'n disgwyl iddo fod: rwyt ti'n *dychmygu* bod yn y sefyllfa sbardun heb wneud ymddygiadau osgoi neu ddiogelwch. Rwyt ti'n creu darlun yn dy feddwl am yr holl ganlyniadau rwyt ti'n poeni fydd yn digwydd. Rwyt ti'n defnyddio dy synhwyrau i gyd (golwg, clyw, arogl, blas, cyffwrdd) i ddychmygu bod yn y sefyllfa sbardun honno.

Mae amlygu dychmygol yn ddefnyddiol pan fydd dy sgôr SUDS yn rhy uchel i wneud amlygu *in vivo*. Yn aml, galli di ei ddefnyddio cyn amlygu *in vivo*, fel cam cyntaf i fynd i'r afael ag amlygu. Mae amlygu dychmygol hefyd yn ddefnyddiol pan fydd sefyllfa sbardun yn digwydd yn anaml neu bron byth.

Dyma amlygu dychmygol ar gyfer y tair enghraifft flaenorol:

- yn amlygu dychmygol Alexa, bydd hi'n dychmygu ei hun yn mynd i mewn i'r ffreutur heb wneud unrhyw ymddygiadau osgoi a diogelwch
- yn amlygu dychmygol Troy, bydd e'n dychmygu ei hun wrth ymyl bachgen deniadol neu'n siarad ag e heb wneud ymddygiadau osgoi a diogelwch
- yn amlygu dychmygol Chris, bydd hi'n dychmygu ei hun yn eistedd yn nes at y rhes flaen neu yn y rhes flaen heb wneud ymddygiadau osgoi a diogelwch.

Galli di roi cynnig ar hyn yn gyflym nawr, i gael synnwyr ohono. Ar gyfer yr ymarfer hwn, meddylia am rywbeth *sydd ddim yn gysylltiedig* â gorbryder cymdeithasol sy'n dy wneud di'n ofnus. Gallai fod yn bry cop, yn neidr, neu'n llygoden yn symud i fyny dy goes, neu storm fawr ger dy gartref. Unwaith y byddi di wedi adnabod y peth, meddylia amdano'n digwydd. Dychmyga beth bynnag rwyt ti'n ei ofni. A gwna hyn heb gysuro dy hun na gwneud unrhyw ymddygiad osgoi neu ddiogelwch arall.

Gad i ni ddweud bod dy sgôr SUDS yn 10 pan fyddi di'n dychmygu neidr yn mynd i fyny dy goes am y tro cyntaf. Nawr, dychmyga'r senario ddeg gwaith gwahanol. Beth yw dy sgôr SUDS bob tro? Mwy na thebyg, bydd dy sgôr SUDS yn llai na 10 erbyn y degfed gwaith i ti amlygu'n ddychmygol. Mae'r ymennydd dynol, yn ddi-ffael, yn dod i arfer â'r pethau hynny sy'n achosi ofn i ni i ddechrau. Rho gynnig arni i weld beth sy'n digwydd i ti.

Amlygu i synwyriadau corfforol gorbryder

Yn aml, mae gorbryder cymdeithasol yn cyd-fynd â synwyriadau corfforol cryf o orbryder. Er enghraifft, mewn sefyllfa sbardun, efallai y byddi di'n profi crynu, chwysu, goranadlu (anadlu'n rhy gyflym), tyndra yn y frest, penysgafnder, cochi, neu drafferth anadlu. Mae rhai pobl ifanc yn eu harddegau yn cael synwyriadau corfforol o orbryder sydd mor gryf, maen nhw'n cael pyliau o banig ac mae'n anodd iddyn nhw wneud eu gweithgareddau arferol.

Os wyt ti'n cael synwyriadau corfforol fel hyn, rwyt ti'n gwybod pa mor anghyfforddus, a brawychus hyd yn oed, maen nhw'n gallu bod. Gan fod y synwyriadau hyn mor annymunol, efallai y byddi di'n dod i'w hofni nhw yn ogystal ag ofni'r sefyllfa sbardun maen nhw'n digwydd ynddi. Efallai y byddi di'n poeni hefyd y bydd eraill yn sylwi ar yr hyn sy'n digwydd i ti ac yn dy farnu'n negyddol. Gall yr ofnau hyn i gyd fwydo'i gilydd. Heb sylweddoli, efallai y byddi di'n wynebu gorbryder o dri chyfeiriad ar yr un pryd:

- teimlo anesmwythyd yn y sefyllfa sbardun, ac ofn cael dy farnu, dy wrthod a dy wawdio
- profi synwyriadau corfforol cryf o orbryder sy'n achosi gofid ynddyn nhw'u hunain
- poeni y bydd eraill yn sylwi ar dy ymateb corfforol ac yn dy farnu o ganlyniad.

Er enghraifft, dychmyga fod Troy yn goranadlu ac yn chwysu chwartiau pan mae yng nghwmni bechgyn sy'n ddeniadol iddo. Mae'n awyddus iawn i siarad â bechgyn mae'n eu hoffi, ond hyd yn oed pan mae'n meddwl am wneud hynny, mae'n dechrau teimlo ei galon yn curo'n gyflymach. Mae hynny'n arwain at bryderu am oranadlu. Wrth iddo boeni, mae'n dechrau chwysu'n drwm. Yn yr achos hwn, mae gan Troy dair ffynhonnell ofn: y gyntaf yw ei orbryder am fod yng nghwmni bechgyn deniadol a chael ei wrthod neu ei farnu'n negyddol. Yr ail yw gorfod delio â'i synwyriadau corfforol gofidus. Y drydedd yw ei ofn y bydd bechgyn yn sylwi ei fod yn chwysu ac yn ei wrthod hyd yn oed yn fwy o ganlyniad i hyn.

Os wyt ti'n cael synwyriadau corfforol o orbryder sy'n dy ddychryn, gallai amlygu dy hun i'r synwyriadau eu hunain fod yn fuddiol. *Amlygu mewnganfyddiadol* yw'r enw technegol ar y rhain. Maen nhw'n llai cymhleth na'u henw. Ystyr 'mewnganfyddiadol' yn syml yw 'y gallu i synhwyro cyflwr mewnol eich corff'. Felly mae amlygu mewnganfyddiadol yn ffordd ffansi o ddweud amlygu i synwyriadau corfforol. Mae'r canlynol yn enghreifftiau o amlygu mewnganfyddiadol:

- goranadlu ar bwrpas
- anadlu trwy welltyn cul
- rhedeg yn yr unfan
- gwneud gwrthwasgiadau (*push-ups*) (i achosi cryndod)
- bwyta saws poeth (i wneud i ti gochi neu chwysu)
- yfed diod boeth yn gyflym (i wneud i ti gochi a chwysu).

Pan fyddi di'n gwneud amlygu mewnganfyddiadol, fel gydag unrhyw fath o amlygu, dwyt ti ddim yn gwneud unrhyw ymddygiadau osgoi neu ddiogelwch y gallet ti eu gwneud fel arfer i atal y synwyriadau hynny neu gael gwared arnyn nhw. Byddwn ni'n sôn mwy am wneud y math hwn o amlygu ym mhennod 10.

DY YSGOL AMLYGU

Byddi di'n adeiladu dy ysgol amlygu mewn pum cam. Y cam cyntaf yw dewis y sefyllfa sbardun orau ar gyfer dy amlygu. Yn ail, byddi di'n gweld a oes unrhyw is-sefyllfaoedd. Bydd hyn yn gwneud dy amlygu yn haws ei drin ac yn dy helpu i dargedu dy ofnau penodol. Yn drydydd, ar ôl dewis dy sefyllfa sbardun (neu is-sefyllfa), byddi di'n rhoi sgôr SUDS i fod yn y sefyllfa honno heb wneud dy ymddygiadau osgoi a diogelwch. Yn bedwerydd, byddi di'n rhoi dy sgoriau SUDS yn eu trefn. Yn olaf, y pumed cam yw defnyddio'r sgoriau hynny yn eu trefn i adeiladu ysgol ar gyfer dy amlygu cyntaf. Byddwn yn mynd trwy'r broses hon gam wrth gam, felly paid â phoeni os yw hyn yn swnio'n gymhleth.

Dewis sefyllfa sbardun

Dy dasg gyntaf yw dewis y sefyllfa o dy restr o sefyllfaoedd sbardun y byddi di'n gwneud dy amlygu cyntaf ar ei chyfer. Mae gwaith ymchwil diweddar yn dweud wrthym does dim ots ym mha drefn yr byddi di'n dewis pa fath o amlygu i'w wneud yn gyntaf. Dwi'n awgrymu dy fod ti'n dechrau gyda'r sefyllfa sbardun sydd â'r sgôr SUDS isaf. Bydd hyn yn caniatáu i ti ddechrau'r broses gan bwyll a gweithio drwyddi'n raddol.

Dyma rai awgrymiadau ar gyfer dewis dy sefyllfa sbardun gyntaf:

Dechreua drwy estyn am dy gardiau mynegai. Os oes gen ti gardiau go iawn, galli di eu gwasgaru, a'r ochr flaen i fyny. Os wyt ti'n defnyddio cardiau digidol, edrycha ar flaen pob cerdyn.

Chwilia am y cerdyn sydd â'r sgôr SUDS isaf. Sylwa mai dyma'r sgôr a roddaist ti i'r sefyllfa sbardun pan wnest ti ei hadnabod hi am y tro cyntaf, ym mhennod 4. Mae'n cynrychioli lefel y gorbryder a'r anesmwythyd rwyt ti'n ei theimlo yn y sefyllfa hon, hyd yn oed pan fyddi di'n gwneud ymddygiadau osgoi a diogelwch. Yn y man, byddi di'n ystyried sgoriau SUDS ar gyfer bod mewn sefyllfaoedd sbardun *heb* wneud ymddygiadau osgoi a diogelwch. Ond am y tro, defnyddia'r sgoriau sydd gen ti eisoes.

Beth os oes gan sawl cerdyn sgôr isel? Efallai fod gen ti ddau neu dri cherdyn â'r un sgoriau isel neu sgoriau isel tebyg. Os nad oes un yn sefyll allan i ti fel lle da i ddechrau, efallai y byddi di eisiau ystyried pa mor aml mae pob sefyllfa yn digwydd. Er enghraifft, roedd sgoriau

SUDS isaf Alexa ar gyfer mynd i ffreutur yr ysgol, siarad ag eraill yn yr ysgol, a mynd i ddawns. Dim ond unwaith neu ddwywaith y flwyddyn mae dawns yn cael ei chynnal, felly rhoddodd Alexa'r sefyllfa honno o'r neilltu am y tro. Roedd mynd i ffreutur yr ysgol yn digwydd bob dydd, ond dim ond unwaith y dydd roedd yn digwydd, tra bod siarad ag eraill yn yr ysgol yn digwydd sawl gwaith y dydd. Felly dewisodd siarad ag eraill i amlygu am y tro cyntaf.

Paid â theimlo bod rhaid i ti osgoi her. Efallai y byddi di'n awyddus i ddechrau gyda sefyllfa sbardun sydd â sgôr SUDS uwch. Gallai hyn fod yn sefyllfa sydd wir yn sbarduno gorbryder i ti ond un rwyt ti'n teimlo ei bod hi'n bwysig ei threchu cyn gynted â phosib. Does dim rheswm i ti beidio â mynd i'r afael â sefyllfa sydd â sgôr SUDS uchel yn gyntaf. Galli di wneud hynny os wyt ti eisiau. Os yw'n dod i'r amlwg ei bod yn rhy anodd, galli di rannu'r sefyllfa'n gamau llai, neu is-sefyllfaoedd, sy'n arwain i fyny at y sefyllfa honno.

Ystyria is-sefyllfaoedd. Efallai dy fod ti'n poeni y bydd hyd yn oed y sefyllfa sydd â'r sgôr SUDS isaf yn rhy anghyfforddus. I helpu gyda hynny, galli di rannu'r sefyllfa'n is-sefyllfaoedd. Fodd bynnag, dwi'n awgrymu dy fod ti'n dechrau gyda'r sefyllfa is sydd â'r sgôr SUDS isaf. A dweud y gwir, hyd yn oed os nad wyt ti'n poeni a fydd y sgôr SUDS isaf yn anghyfforddus, mae rhesymau eraill dros adnabod is-sefyllfaoedd. Gad i ni edrych arnyn nhw nawr.

Nodi unrhyw is-sefyllfaoedd

Rwyt ti eisoes wedi gweithio gydag is-sefyllfaoedd wrth i ti lunio dy restr o sefyllfaoedd sbardun ym mhennod 4. Creodd Martin is-sefyllfa o wisgo amdano o'i brif sefyllfa sbardun, sef dechrau'r bore. Gwnaeth hyn oherwydd iddo sylweddoli bod llawer o bryderon yn cyfrannu at ei brif sefyllfa, sef ben bore. Fel rwyt ti nawr yn ei wybod, gall creu is-sefyllfa ei gwneud hi'n haws i ti ddeall a delio â'r sefyllfa.

Beth am i ni weld sut aeth Alexa ati i adnabod is-sefyllfaoedd?

Adroddiad Alexa

Y sefyllfa sbardun ddewisais i ar gyfer fy amlygu cyntaf yw siarad ag eraill yn yr ysgol. Fe wnes i roi sgôr SUDS o 4–6 i hyn. Oherwydd 'mod i heb roi sgôr bendant i'r sefyllfa, roedd hyn yn ysgogiad i fi feddwl am is-sefyllfaoedd. Felly bues i'n pwyso a mesur pryd mae'n anoddach a phryd mae'n haws siarad ag eraill.

Y gwahaniaeth mwyaf yw faint o bobl mae'n rhaid i fi siarad â nhw. Siarad o flaen y dosbarth cyfan yw'r gwaethaf o lawer. Pan dwi'n gweld pawb yn syllu arna i, dwi byth yn gwybod a fydd fy meddwl yn mynd yn wag. Mae gan yr is-sefyllfa honno sgôr SUDS o 6. Ond mae trafodaeth mewn grŵp bach yn llai brawychus. Os mai dim ond pump neu chwech o bobl sydd yno, dwi'n gallu canolbwyntio ar un neu ddau ohonyn nhw fel arfer. A dwi'n trio bod mewn grwpiau bach gyda ffrind. Felly mae gan yr is-sefyllfa honno sgôr SUDS o ddim ond 4.

Fe wnes i ystyried hefyd beth arall sy'n effeithio ar fy sgôr SUDS ar gyfer siarad ag eraill, heblaw am nifer y plant. Un peth yw'r pwnc. Dwi'n fwy hyderus yn siarad o flaen y dosbarth pan dwi'n gwybod tipyn am y pwnc. I mi, gall hynny fod yn unrhyw beth sy'n cynnwys ffeithiau. Er enghraifft, mae gan siarad am hanes sgôr SUDS o 5. Mae siarad yn Ffrangeg yn 6 o leiaf.

Ffactor arall yw fy marn i am yr athro. Mae siarad mewn dosbarth lle dwi'n meddwl bod yr athro yn fy hoffi yn cael sgôr SUDS o 4 neu 5.

Ar ôl ystyried yr holl is-sefyllfaoedd hyn, penderfynais i ddefnyddio'r is-sefyllfa o siarad mewn grŵp bach ar gyfer *fy amlygu cyntaf. Fel hyn, bydda i'n dechrau gyda fy sgôr SUDS isaf. Oherwydd ein bod ni'n rhannu'n grwpiau bach mewn mwy nag un o fy nosbarthiadau, fe fydd gen i ddigon o gyfleoedd i drio amlygu.*

Dyma rai awgrymiadau ar gyfer adnabod is-sefyllfaoedd:

Adolyga dy restr o sefyllfaoedd sbardun. Wrth i ti benderfynu ar y sefyllfa sbardun ar gyfer dy amlygu cyntaf, meddylia a fyddai'n helpu i'w rhannu ymhellach. Efallai dy fod ti eisoes wedi gwneud hynny wrth lunio dy restr o sefyllfaoedd sbardun ym mhennod 4. Ond edrych arni eto, yn enwedig os wyt ti'n poeni y gallai ei sgôr SUDS fod yn uwch nag rwyt ti'n teimlo y galli di ymdopi ag e.

Bydd yn benodol. Bydd mor benodol â phosib am y sefyllfa y byddi di'n dy amlygu dy hun iddi. Mae is-sefyllfaoedd yn gyfle i ti ddylunio grisiau llai i ddringo ar dy ysgol amlygu. Mae hynny'n gwneud iddi deimlo'n haws ymdopi â'r amlygu, sydd yn ei dro yn rhoi mwy o hyder i ti ac yn dy wneud di'n fwy tebygol o lwyddo.

Ystyria rannu ystod y sgoriau. Dylet ti roi sylw arbennig i sgoriau SUDS gydag ystod, fel 2–3 neu 3–5. Efallai y byddi di am nodi is-sefyllfa ar ben isa'r ystod a fyddai'n lle haws i ddechrau dy amlygu.

Rho sgoriau SUDS

A tithau wedi dewis y sefyllfa sbardun ar gyfer dy amlygu cyntaf, mae'n bwysig paratoi dy hun ar gyfer y llwyddiant mwyaf posib. Dylai'r amlygu rwyt ti'n bwriadu ei wneud deimlo o fewn dy gyrraedd – ddim yn rhy anodd ond ddim yn rhy hawdd chwaith. I bennu dy lefel cysur, mae angen i ti asesu dy orbryder pan na fyddi di'n defnyddio'r ymddygiadau osgoi a diogelwch rwyt ti'n eu defnyddio fel arfer. Byddi di'n gwneud hyn gan ddefnyddio sgoriau SUDS.

Hyd yn hyn, rwyt ti wedi gwneud sgoriau SUDS ar gyfer pob sefyllfa sbardun a'u cofnodi ar flaen dy gardiau mynegai. Ond pan wnest ti'r sgoriau hynny, doeddet ti ddim yn meddwl bryd hynny am fod mewn sefyllfaoedd sbardun *heb* wneud ymddygiadau osgoi neu ddiogelwch. Mae hynny'n golygu bod angen i ti fynd ati nawr i edrych ar dy sgoriau SUDS eto ac ystyried sut rwyt ti'n teimlo wrth *beidio* â gwneud yr ymddygiadau hynny.

Cymer y cerdyn mynegai ar gyfer y sefyllfa sbardun rwyt ti wedi'i dewis a llenwa'r colofnau ar y cefn. Ar gyfer pob ymddygiad, amcangyfrifa beth fyddai dy sgôr SUDS petaet ti ddim yn ei ddefnyddio. Os oes angen, tro'n ôl i bennod 3 i adolygu'r cyfarwyddiadau ar gyfer sgoriau SUDS.

Adroddiad Alexa

Gad i ni weld sut llenwodd Alexa ei cherdyn mynegai ar gyfer y sefyllfa sbardun o siarad mewn trafodaethau grŵp bach, a gafodd sgôr SUDS o 4 ganddi.

Tu blaen y cerdyn:

Siarad mewn grwpiau bach SUDS 4

Tu ôl y cerdyn:

Osgoi	SUDS	Diogelwch	SUDS
Dweud dim oni bai bod rhywun yn siarad â fi	4	Ymarfer	7
Meddwl am osgoi criwiau mawr	5–6	Peidio â gwneud cyswllt llygad â neb	4–5
		Nodio llawer pan fydd plant eraill yn siarad	5
		Gwneud pwynt byr	6
		Cymryd nodiadau i roi'r argraff 'mod i'n brysur	4

Rydyn ni'n cael ein graddio ar faint rydyn ni'n cyfrannu at drafodaethau mewn grwpiau bach. Dwi eisiau bod yn fyfyriwr da, felly dwi'n gwybod bod siarad yn bwysig. Hefyd, mae disgwyl i ni siarad heb i neb ofyn i ni wneud. Mae Ms Muñoz wedi dweud y bydd cymryd yr awenau yn ein paratoi ar gyfer y coleg. Ond dwi jest yn methu gwneud hyn, er 'mod i'n teimlo bod y plant eraill fel petaen nhw'n syllu arna i pan dydw i ddim yn dweud dim byd. Felly un o fy ymddygiadau osgoi yw peidio â siarad oni bai bod rhywun yn siarad â fi yn gyntaf. Fe gofnodais i sgôr o 4 ar gyfer hynny yn y golofn SUDS.

Fy ymddygiad osgoi arall yw aros mor hir ag y galla i am yr adeg orau i siarad. Os oes rhaid i fi godi llais cyn i fyfyriwr arall wneud, dwi'n teimlo'n fwy gorbryderus o lawer. Mae gan hynny sgôr SUDS o 5. Ar hyn o bryd, cyn i fi fagu'r dewrder, mae rhywun arall fel arfer wedi dweud beth bynnag roeddwn i'n mynd i'w ddweud. Yn lle siarad, dydw i ddim ond yn nodio fy mhen i ddangos 'mod i'n cytuno â phwynt y person hwnnw. Os dydw i ddim yn gallu gwneud yr ymddygiad diogelwch o nodio, mae fy sgôr SUDS yn 5.

Ymddygiad diogelwch arall dwi'n ei ddefnyddio mewn trafodaethau mewn grwpiau bach yw peidio ag edrych i fyw llygaid neb. Mae peidio â gwneud yr ymddygiad hwnnw yn cael sgôr SUDS o 5. Dwi hefyd yn defnyddio ymddygiad diogelwch o ysgrifennu nodiadau er mwyn creu'r argraff i'r lleill 'mod i'n brysur. Mae peidio â gwneud hynny'n cael sgôr SUDS o 4.

Yn olaf, dwi'n ymarfer beth dwi am ei ddweud drosodd a throsodd yn fy meddwl hefyd. Alla i ddim dychmygu siarad heb ymarfer. Dwi'n gwybod y byddwn i'n gwneud camgymeriad neu'n swnio'n dwp. Felly fy sgôr SUDS ar gyfer peidio ag ymarfer yw 7. Fe ges i fy synnu o weld faint yn uwch yw'r sgôr honno na'r sgôr SUDS ar flaen fy ngherdyn ar gyfer siarad mewn grwpiau bach wrth wneud fy ymddygiadau osgoi a diogelwch arferol. Fe wnes i nodi'r holl sgoriau SUDS newydd hyn ar fy ngherdyn.

Awgrymiadau ar gyfer Sgoriau SUDS

Cofia fod dy sgôr am *beidio* â gwneud yr ymddygiad. Os yw hyn yn dy ddrysu a dy fod ti'n dechrau meddwl bod y sgôr yn *dal* i gynrychioli gwneud yr ymddygiad, galli di ysgrifennu'r geiriau 'dim' neu 'paid' neu 'heb'. Er enghraifft, os yw dy gerdyn yn dweud 'Osgoi cyswllt llygad', gallet ei newid i ddweud, 'Dim osgoi cyswllt llygad'. Os wyt ti'n defnyddio cardiau mynegai digidol, mae'n hawdd creu cerdyn newydd gyda'r newid hwn, os yw hynny'n dy helpu i fod yn glir.

Dylet ddisgwyl sgoriau SUDS uwch. Bydd y rhan fwyaf neu bob un o dy sgoriau newydd yn uwch na'r sgôr rwyt ti wedi'i chofnodi ar flaen y cerdyn. Mae hyn oherwydd dy fod ti bellach yn ystyried sut y byddet ti'n teimlo *heb* ddibynnu ar dy ymddygiadau osgoi neu ddiogelwch. Mae hyn yn dangos pam rwyt ti'n dibynnu ar yr ymddygiadau hynny yn y lle cyntaf: maen nhw'n gweithio yn y tymor byr. Ond, fel rwyt ti'n ei wybod nawr, mae eu defnyddio'n bwydo ac yn cynnal dy orbryder.

Rhestra dy sgoriau SUDS yn eu trefn

Ar ôl i ti gwblhau dy sgoriau SUDS ar gyfer dy sefyllfa sbardun heb wneud ymddygiadau osgoi a diogelwch, bydd gen ti restr o rifau ar gefn dy gerdyn mynegai. Rwyt ti'n mynd i ddefnyddio'r rhifau hyn i greu'r grisiau ar dy ysgol amlygu gyntaf.

Trefnu sgoriau SUDS o'r isaf i'r uchaf. Hynny yw, rhif 1 fydd dy sgôr SUDS isaf, gyda dy sgôr uchaf yn cael y rhif uchaf. Dwi'n awgrymu dy fod ti'n nodi'r rhif o flaen yr ymddygiad sydd wedi'i restru ar y cerdyn mynegai. Fel hyn, fyddi di ddim yn ei ddrysu â'r sgôr SUDS ar gyfer yr ymddygiad hwnnw. Efallai y byddai'n syniad rhoi cylch am dy rifau trefn i helpu i'w gwahaniaethu hefyd. Os wyt ti'n defnyddio cerdyn mynegai digidol, galli di ddefnyddio lliwiau i ddangos dy rifau safle.

Gwahaniaethu ymddygiadau â'r un sgôr. Os oes gan ddau ymddygiad yr un sgôr, meddylia pa un sydd ychydig yn fwy heriol, a rho hwnnw'n uwch i fyny wrth eu rhoi mewn trefn. Os ydyn nhw'r un fath yn y bôn, rho'r un rwyt ti'n teimlo fel ei wneud yn gyntaf yn y safle is. Y nod yw rhif gwahanol i bob ymddygiad.

Cyfuno safleoedd ymddygiadau osgoi a diogelwch. Hyd yn hyn rwyt ti wedi cadw colofnau ar wahân ar gyfer dy ymddygiadau osgoi a diogelwch. Pwrpas hynny yw dy helpu i ddeall pam rwyt ti'n gwneud pob ymddygiad. Wrth symud ymlaen, dylet ti ystyried ymddygiadau osgoi a diogelwch gyda'i gilydd. Er enghraifft, roedd sgoriau safle Alexa am beidio â gwneud ei hymddygiadau osgoi a diogelwch mewn trafodaethau grŵp bach yn edrych fel hyn.

Osgoi	SUDS	Diogelwch	SUDS
(1) Dweud dim oni bai bod rhywun yn siarad â fi	4	(6) Ymarfer	7
(4) Aros i siarad	5–6	(2) Peidio â gwneud cyswllt llygad â neb	4–5
		(3) Nodio llawer pan fydd plant eraill yn siarad	5
		(5) Gwneud pwynt byr	6

Gweithia'n gyflym. Paid â chymryd mwy nag ychydig funudau i wneud y dasg hon. Paid â phoeni am fod yn rhy fanwl. Bydd dy sgôr SUDS yn gostwng ar ôl i ti ddechrau gwneud dy amlygu cyntaf beth bynnag, felly mae'n siŵr y bydd trefn y safleoedd yn newid hefyd dros amser.

CREU DY YSGOL AMLYGU

Rwyt ti bellach wedi creu sefyllfa neu is-sefyllfa ar gyfer dy amlygu cyntaf, ac felly'n barod i greu dy ysgol amlygu. Dwi (a'r rhan fwyaf o glinigwyr CBT) yn defnyddio'r trosiad ysgol amlygu. Mae ysgol yn caniatáu i ti ddringo un gris bach ar y tro, o'r gwaelod (hawsaf) i'r brig (mwyaf heriol). Mae'n dda cael pedwar neu bum gris ar ysgol amlygu, ond does dim rheolau pendant am hyn. Bydd angen rhagor o risiau mewn rhai sefyllfaoedd nag eraill, yn dibynnu ar ba mor anodd ydyn nhw i ti. Ond dylet ti gael digon o risiau fel nad yw'r un gris yn rhy anodd.

Byddi di'n creu dy ysgol ar gerdyn mynegai newydd neu ar ddarn glân o bapur. Rho bob gris yn eu trefn, yn seiliedig ar drefn dy sgoriau SUDS. Rho'r sgôr isaf ar y gwaelod. Er enghraifft, mae chwe gris gan ysgol Alexa ar gyfer siarad mewn grwpiau bach. Mae ei sgôr isaf ar gyfer peidio â siarad oni bai bod rhywun yn gofyn iddi wneud, felly dyma'r gris isaf. Sylwa nad yw ei hymddygiadau osgoi a diogelwch yn cael eu gwahanu mwyach.

6. Ymarfer (SUDS 7)

5. Gwneud pwynt byr (SUDS 6)

4. Aros i siarad (SUDS 5-6)

3. Nodio llawer pan fydd plant eraill yn siarad (SUDS 5)

2. Peidio â gwneud cyswllt llygad â neb (SUDS 4-5)

1. Dweud dim oni bai bod rhywun yn gofyn i fi wneud (SUDS 4)

Beth nesaf? Byddi di'n dechrau dringo dy ysgol! Ond paid â phoeni, oherwydd bydd y cyfarwyddiadau yn y penodau nesaf yn dy dywys di drwy'r broses, un cam ar y tro.

CWESTIYNAU CYFFREDIN

C: *Dwi'n meddwl na fydda i fyth yn gallu dod i arfer â bod mewn sefyllfa sbardun. Dwi jest ddim yn meddwl y galla i wneud i hynny ddigwydd.*

A: Dwi'n clywed hyn yn aml. Y gwir yw, rwyt ti'n *gallu* dod i arfer â bod mewn sefyllfa sbardun. Os byddi di'n amlygu dro ar ôl tro, byddi di'n naturiol yn dod yn fwy cyfforddus yn dy sefyllfa sbardun. Dyna un o effeithiau amlygu. Bydd dy orbryder yn lleihau, a bydd dy sgôr SUDS yn gostwng. Enw'r effaith hon o ddod i arfer â rhywbeth yw *cynefino*. Mae'n effaith wych!

Cyn 2015, roedd amlygu CBT yn canolbwyntio'n gyfan gwbl ar ostwng sgoriau SUDS. Ond sylweddolodd ymchwilwyr fod hynny'n broblem. Mae cael yr un nod o leihau gorbryder yn gwneud i bobl deimlo bod gorbryder yn beth drwg a bod angen cael gwared arno. Mae hyn, yn ei dro, yn bwydo'r ofn o gael hyd yn oed ychydig o orbryder. Yn wir, mae ychydig o orbryder yn normal. Felly, yn lle ceisio dileu pob gorbryder, mae'n bwysig dysgu dy fod ti'n gallu goddef rhyw faint ohono. Os wyt ti'n mynd i banig bob tro rwyt ti'n teimlo ychydig o orbryder ac yn meddwl ei fod yn beth drwg, byddi di'n profi mwy o orbryder.

Os nad wyt ti'n teimlo'n hyderus o hyd, galli di roi cynnig ar amlygu'n ddychmygol cyn i ti roi cynnig ar amlygu *in vivo*. Neu galli di rannu'r amlygu yn is-sefyllfa rwyt ti'n teimlo y gallet ti ymdopi'n haws â hi. Er enghraifft, yn hytrach na pheidio ag osgoi cyswllt llygad mewn sefyllfaoedd cymdeithasol yn gyffredinol, efallai y byddi di'n rhoi'r gorau i osgoi cyswllt llygad wrth i ti gerdded heibio grwpiau o blant yn ystod egwyl, i ddechrau.

C: *Dwi'n hoffi'r syniad o amlygu dychmygol. Mae gen i ddychymyg da! Alla i wneud fy holl amlygu fel hyn?'*

A: Mae amlygu dychmygol yn wych ar gyfer rhai mathau o amlygu, ond ddylet ti ddim dibynnu arno'n llwyr. Y rheswm mwyaf cyffredin dros ddefnyddio amlygu dychmygol yw pan fyddi di'n poeni y byddai amlygu *in vivo* yn rhy anghyfforddus. Mae amlygu dychmygol yn ddefnyddiol hefyd pan dyw hi ddim yn ymarferol i ti fod yno'n bersonol a phan fydd sefyllfaoedd yn digwydd yn anaml.

Er enghraifft, dywed dy fod ti'n amlygu ar gyfer mynd i ddawns, ond dy fod ti'n rhy anesmwyth i hyd yn oed fynd ar gyfyl y man lle mae'r ddawns yn cael ei chynnal. Dyw e ddim yn helpu chwaith nad yw dawnsfeydd yn digwydd yn aml. Yn yr achos hwn, fe allet ti wneud yr amlygu dychmygol o ddychmygu dy hun mewn dawns heb wneud ymddygiad osgoi neu ddiogelwch penodol. Ond paid â stopio gyda hynny. Gwna amlygu *in vivo* pan fydd y cyfle'n codi, fel bod gen ti siawns well o oresgyn dy orbryder cymdeithasol mewn dawnsfeydd.

C: *Faint o ysgolion amlygu bydd angen i fi eu gwneud?*

A: Mae hynny'n dibynnu. Gallet ti wneud ysgol amlygu ar gyfer pob un o dy sefyllfaoedd sbardun – hynny yw, ar gyfer pob un o dy gardiau mynegai. Ond ar ôl i ti amlygu unwaith, bydd dy sgoriau SUDS ar gyfer dy sefyllfaoedd sbardun eraill yn debyg o ostwng. A bydd y broses yn mynd yn haws wrth i ti weithio drwyddi. A'r unig ffordd rwyt ti'n mynd i wybod hynny i sicrwydd yw drwy ddechrau gwneud arbrofion amlygu.

PENNOD 7

Mynd at wraidd dy ofn

Llongyfarchiadau ar adeiladu dy ysgol amlygu gyntaf a nodi'r gris cyntaf ar yr ysgol! Rwyt ti wedi gwneud llawer o waith i gyrraedd y pwynt hwn, ac rwyt ti'n dod yn nes at roi cynnig ar amlygu – pan fyddi di'n wynebu dy sefyllfa sbardun *heb* wneud ymddygiadau osgoi neu ddiogelwch. Efallai y bydd meddwl am wneud hynny'n teimlo braidd yn frawychus, ond byddi di'n iawn! Hyd yn oed os wyt ti'n amau hynny ar hyn o bryd, byddi di'n teimlo'n fwy hyderus pan fydd gen ti'r holl ddulliau mae eu hangen arnat ti ac yn gwybod yn union beth rwyt ti'n ei wneud. Bydd hyn yn sicrhau dy fod ti'n dringo'r ysgol yn hwylus ac yn effeithiol.

Yn y bennod hon, dwi am roi trosolwg i ti o'r broses amlygu, gan dy dywys drwy bopeth mae angen i ti ei wybod am amlygu am y tro cyntaf. Fel rhan o hyn, fe wna i dy gyflwyno di i'r *dechneg saeth i lawr*, a fydd yn datgelu'r ofn sylfaenol yn dy sefyllfa sbardun. Efallai y bydd yr hyn rwyt ti wir yn ei ofni yn dy synnu di!

ARBROFION AMLYGU

Dwi'n hoffi meddwl am amlygu fel *arbrawf*, yn debyg iawn i rai rwyt ti wedi'u gwneud yn y dosbarth gwyddoniaeth. Proses ddarganfod yw arbrawf. Beth byddi di'n ei ddarganfod drwy amlygu? Yn gryno, byddi di'n darganfod a yw'r canlyniad rwyt ti'n ei ofni pan dwyt ti ddim yn gwneud ymddygiadau osgoi neu ddiogelwch cynddrwg ag yr oeddet ti wedi'i ragweld. Fel yr ymchwilydd, byddi di'n dysgu faint o orbryder y galli di ymdopi ag e wrth wynebu sefyllfa sbardun.

Er enghraifft, dychmyga dy fod ti'n poeni y bydd plant eraill yn gwneud hwyl am dy ben os wyt ti'n dweud "haia". Bydda i'n dy ddysgu sut i sefydlu dy arbrawf amlygu fel dy fod ti'n gallu darganfod beth sy'n digwydd mewn gwirionedd pan fyddi di'n dweud "haia". Os na fyddi di'n amlygu, galli di ddim dysgu a yw dy ofnau'r un fath â'r hyn sy'n digwydd mewn gwirionedd yn fwy, neu'n llai.

Neu os wyt ti'n poeni y byddi di'n rhy nerfus i siarad os wyt ti'n codi dy law yn y dosbarth a bod yn athro'n gofyn i ti siarad. Eto, bydda i'n dy ddysgu sut i baratoi dy amlygu fel y galli di ddarganfod a fyddi di'n gallu dweud rhywbeth pan fydd yr athro'n gofyn i ti siarad.

Wyt ti'n ysgwyd dy ben? Ddim yn siŵr y byddet ti'n dysgu dim byd o werth? Dim problem! Dydw i ddim yn gofyn i ti gymryd fy ngair i. Yn hytrach, hoffwn i ti wisgo dy gôt labordy a gwneud yr arbrawf. Cadwa feddwl agored. Mae'n well darganfod drosot ti dy hun. Does dim rhaid i ti dderbyn na chytuno â dim byd nes iddo gael ei brofi sawl gwaith. A'r un sy'n mynd i wneud y profi yw *ti!*

ELFENNAU ARBRAWF

Fel y byddi di'n cofio o dy wersi gwyddoniaeth efallai, pan fyddi di'n gwneud arbrofion, rwyt ti'n defnyddio'r hyn sy'n cael ei alw'n *ddull gwyddonol.* Hynny yw, dwyt ti ddim yn mynd i fwrw iddi heb wneud unrhyw waith paratoi. Rwyt ti'n defnyddio proses wedi'i chynllunio'n ofalus sy'n dilyn y llif sydd i'w weld yma. Y rheswm ei fod mewn cylch yw, pan fyddi di'n gorffen dy amlygu cyntaf, byddi di'n dechrau'r broses i gyd eto wrth amlygu am yr ail dro.

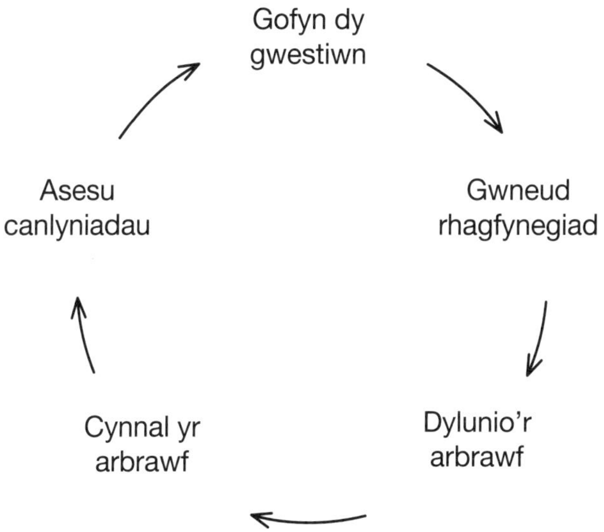

Yng ngweddill y bennod hon, byddwn yn rhoi sylw i ddwy elfen gyntaf y broses: gofyn dy gwestiwn a gwneud rhagfynegiad. Byddwn ni'n edrych ar y tair elfen arall yn y bennod nesaf.

Gofyn dy gwestiwn

Mae amlygu bob tro yn ateb yr un cwestiwn sylfaenol: *Beth rydw i'n poeni fwyaf fydd yn digwydd yn y sefyllfa sbardun hon pan dydw i ddim yn dibynnu ar fy ymddygiadau osgoi neu ddiogelwch arferol?* Byddi di'n gofyn y cwestiwn hwn i ti dy hun bob tro rwyt ti'n dy amlygu dy hun.

Gad i ni fynd yn ôl at Juanita, y chwaraewr pêl-droed mewn prifysgol y gwnaethon ni ei chyfarfod ym mhennod 1 a oedd yn hynod orbryderus am wneud camgymeriadau o flaen eraill. Oherwydd ei gorbryder, mae hi ar fin rhoi'r gorau iddi, er ei bod hi'n athletwraig benigamp a'i bod yn breuddwydio am chwarae yn y coleg. Dyma ei hysgol amlygu gyntaf ar gyfer sefyllfa sbardun ymarfer pêl-droed:

5. meddwl am adael y sesiwn ymarfer yn gynnar (SUDS 6)
4. dweud wrth yr hyfforddwr bod fy mhen-glin yn brifo, hyd yn oed os nad yw hynny'n wir (SUDS 5)
3. cael mam i ddweud wrth yr hyfforddwr 'mod i'n sâl (SUDS 4-5)
2. peidio â gwneud dim byd â neb arall wrth gynhesu (SUDS 4)
1. chwarae'n ofalus iawn fel nad ydw i'n gwneud camgymeriadau (SUDS 4).

Fel rwyt ti'n gweld, mae'r ysgol hon yn rhestru camau amlygu penodol Juanita, er gwaethaf ei gorbryder. Ei cham cyntaf yw cymryd rhan mewn ymarfer pêl-droed heb chwarae'n ofalus iawn. Mae gan yr amlygu hwnnw sgôr SUDS o 4. Mae gan yr amlygu o gadw ei phen i lawr wrth gynhesu sgôr SUDS o 4 hefyd. Ond dewisodd roi'r gorau i'w hymddygiad diogelwch o chwarae'n ofalus iawn fel ei cham cyntaf oherwydd ei bod hi'n gwybod ei bod hi'n methu chwarae o'i gorau os yw hi'n dal yn ôl.

Dyma ei chwestiwn ar gyfer yr amlygiad hwn: *Beth sy'n fy mhoeni fwyaf fydd yn digwydd mewn ymarfer pêl-droed os nad ydw i'n chwarae'n ofalus iawn ac, yn lle gwneud hynny, 'mod i'n gwthio fy hun i fynd amdani?*

Rhagfynegi

Byddi di'n defnyddio'r ateb i dy gwestiwn amlygu i ragfynegi. Mae rhagfynegiad fel *rhagdybiaeth* – dy ddamcaniaeth di am beth fydd yn digwydd. Yn yr achos hwn, galli di feddwl amdano fel dy *ragfynegiad seiliedig ar ofn.* Mae hynny oherwydd ei fod yn nodi'r hyn rwyt ti'n ofni fydd yn digwydd os nad wyt ti'n gwneud ymddygiad osgoi neu ddiogelwch penodol.

Dyma ragfynegiad Juanita: Os ydw i'n mynd i ymarfer pêl-droed a ddim yn chwarae'n ofalus iawn, bydda i'n teimlo'n orbryderus iawn ac yn gwneud camgymeriadau, a bydd y merched i gyd yn chwerthin ar fy mhen i. Fe allwn i wneud cymaint o gamgymeriadau, bydda i'n cael fy nhaflu allan o'r tîm.

Er mwyn i ti ddeall sut beth yw rhagfynegiadau, dyma rai enghreifftiau eraill.

Chan: Os ydw i'n cerdded o gwmpas yr ysgol heb fy nghlustffonau, bydd yn rhaid i fi ddelio â phlant eraill yn siarad â fi. Bydda i'n methu dianc rhag sgyrsiau, a bydd hynny'n fy ngwneud i'n nerfus iawn. Mae'n debyg y bydda i'n cochi ac yn cael atal dweud, a byddan nhw'n gwneud hwyl am fy mhen i.

Sophie: Os ydw i'n bwyta o flaen pobl eraill, bydda i'n mynd mor nerfus, bydda i'n teimlo'n sâl. Efallai y bydda i hyd yn oed yn chwydu. Os na fydda i'n chwydu, bydd plant eraill yn gweld 'mod i'n crynu ac yn meddwl 'mod i'n od. Fyddan nhw ddim eisiau bod o 'nghwmpas i.

Kyle: Os ydw i'n ateb cwestiwn o flaen y dosbarth heb ddefnyddio dim ond un gair neu frawddegau byr, bydda i'n dweud rhywbeth dwl ac yn dechrau chwysu. Bydd pawb yn fy ngweld i'n chwysu ac yn cynhyrfu'n lân, a bydd hynny'n fy ngwneud i'n fwy hunanymwybodol a phryderus fyth. Byddan nhw'n meddwl 'mod i'n ffŵl ac nad ydw i'n gwybod dim byd.

Mae'r pedwar yn yr enghreifftiau hyn wedi meddwl yn ofalus am eu rhagfynegiadau. A dwi eisiau i ti wneud hynny hefyd. I'w helpu i fynd at wraidd eu hofnau er mwyn gallu rhagfynegi'n fwyaf ystyrlon, defnyddion nhw'r dechneg saeth i lawr. Cyn i ni edrych yn fanylach ar elfennau cynllunio dy arbrawf, gad i fi dy gyflwyno i'r dechneg saeth i lawr. Byddi di'n defnyddio canlyniadau'r ymarfer hwn i dy helpu i droi dy ragfynegiad yn arbrawf effeithiol.

Y dechneg saeth i lawr

Efallai dy fod ti'n meddwl bod 'saeth i lawr' yn swnio fel enw symudiad dawns newydd. Ond na. Cyfres o gwestiynau yw hyn am yr holl bethau drwg rwyt ti'n credu fydd yn digwydd mewn sefyllfa sbardun os na fyddi di'n gwneud dy ymddygiadau osgoi neu ddiogelwch. Mae'r daflen waith yn dangos saeth i lawr rhwng pob cwestiwn. Byddi di'n dilyn y saethau hyn wrth i ti ateb pob cwestiwn.

Bydd y data byddi di'n ei gasglu yn yr ymarfer hwn yn dangos yr hyn rydyn ni'n ei alw yn *fframwaith ofn* yn CBT. Hynny yw, bydd yn datgelu gwir wraidd dy ofnau. Byddi di'n gweld sut mae dy ymennydd yn trefnu dy deimladau a dy ddisgwyliadau bob tro rwyt ti mewn sefyllfa sbardun. Gall dysgu am dy ofnau deimlo'n frawychus ar y dechrau, ond cofia am rym gwybodaeth. Rwyt ti ar fin dysgu sut i ddefnyddio'r pŵer hwn o dy blaid di.

Er mwyn deall y dechneg hon, meddylia beth mae'n ei olygu pan fydd ymchwilydd yn 'mynd at wraidd' rhywbeth. Rwyt ti'n dechrau gyda chwestiwn. Pan gei di ateb, rwyt ti'n gofyn cwestiwn mwy penodol am yr ateb hwnnw. Ac yna rwyt ti'n gofyn cwestiwn mwy penodol eto i bob ateb sy'n dilyn. Drwy wneud hynny, rwyt ti'n mynd at wraidd y mater.

Gad i ni gymryd enghraifft bob dydd, dychmyga dy dad yn gofyn, "Beth rwyt ti eisiau i swper?" Rwyt ti'n dweud, "Pasta!" Felly mae e'n gofyn, "Pa fath o basta?" Rwyt ti'n dweud, "Beth am sbageti?" Mae e'n dweud iawn ac yna'n gofyn: "Sbageti gyda phelenni cig neu hebddyn nhw?" Rwyt ti'n dweud, "Heb." Mae e'n dweud, "Parmesan?" Fel hyn, mae e'n parhau i fynd at wraidd y mater, sef dy swper. Yn yr un modd, mae'r dechneg saeth i lawr yn cyfeirio at fynd at wraidd y cwestiwn, "Beth fydd yn digwydd os ydw i mewn sefyllfa sbardun heb ddefnyddio ymddygiad osgoi neu ddiogelwch?"

Efallai dy fod ti wedi gofyn yr union gwestiwn yma i ti dy hun o dro i dro, ond pa mor bell wnest di fynd i'w ateb? Wnest ti fynd mor bell â meddwl, "Dydw i ddim yn gallu ymdopi" neu "Byddai gen i ormod o embaras" neu, "Byddwn i'n teimlo mor bryderus, byddai'n annioddefol" ac yna stopio? Mae'n hawdd setlo ar y canlyniad cyntaf, mwyaf amlwg sy'n dod i'r meddwl. Rydyn ni'n tueddu i beidio â thyrchu ymhellach ac yna'n osgoi'r sefyllfa, oherwydd gall meddwl yn ddyfnach greu gorbryder. Ond os wyt ti'n stopio yn y fan honno, dyna ble byddi di'n aros. Os wyt ti eisiau trechu dy orbryder cymdeithasol, mae angen i ti fynd ymhellach.

Mae'r dechneg saeth i lawr yn dy herio i dyrchu'n ddyfnach a mynd at wraidd yr hyn rwyt ti'n ei ofni fwyaf mewn sefyllfa sbardun benodol. Mae'n bosib bod hyn yn swnio braidd yn annifyr ond mae'r rhan fwyaf o bobl yn dod yn gyfarwydd â'r broses yn weddol gyflym. Wyt ti'n barod i roi cynnig arni? Efallai y cei di dy synnu gan yr hyn y byddi di'n ei ddysgu!

I ddechrau arni, mae angen i ti lawrlwytho ac argraffu'r Daflen Waith Saeth i Lawr o http://www.newharbinger.com/47056 (yn Saesneg yn unig). Argraffa ddalen ffres ar gyfer pob sefyllfa. Neu os yw'n well gen ti, galli di greu taflen waith yn dy lyfr nodiadau neu hyd yn oed ar dy ffôn. Dyma'r broses i ddilyn:

Dewisa dy sefyllfa. Dechreua â'r cam cyntaf ar dy ysgol amlygu. Ysgrifenna'r sefyllfa honno ar frig dy daflen waith.

Meddylia am fod yn y sefyllfa yna. Gofynna i ti dy hun, *Beth dwi'n poeni fwyaf fydd yn digwydd os nad ydw i'n gwneud ymddygiad osgoi neu ddiogelwch yn y sefyllfa hon?* Dyma dy saeth gyntaf.

Pan fyddi di'n dechrau gwneud hyn, efallai y byddi di'n rhoi ateb tebyg i, *Petai hynny'n digwydd, byddwn i'n mynd i'r toiled i bwyllo.* Ond dyw hynny ddim yn ateb y cwestiwn go iawn, na'dy? Y cyfan mae mynd i'r toiled i bwyllo yn ei olygu yw gwneud un ymddygiad osgoi neu ddiogelwch yn lle un arall. I gael ateb go iawn, mae angen i ti anghofio am yr holl ffyrdd eraill y gallet ti ymdopi neu'r ffyrdd rwyt ti wedi ceisio ymdopi i fod yn y sefyllfa honno, ac yna gofyn i ti dy hun, *Beth fydd yn digwydd os ydw i yn y sefyllfa sbardun, heb allu ei hosgoi?*

Ysgrifenna beth rwyt ti'n meddwl fyddai'n digwydd. Ar y daflen waith, ysgrifenna wrth ymyl y saeth gyntaf beth rwyt ti'n meddwl fyddai'n digwydd. Bydd dy ateb yn unigryw i ti, ond dyma rai canlyniadau cyffredin mae pobl ifanc yn eu harddegau yn eu rhoi ar gyfer eu saeth gyntaf.

- Bydda i'n teimlo'n lletchwith.
- Bydda i'n teimlo embaras llwyr.
- Bydda i'n teimlo'n orbryderus iawn.
- Bydda i'n crynu.
- Bydda i'n cochi.
- Bydda i'n chwysu.
- Bydd fy llais yn crynu.

Wrth i ti ystyried dy ganlyniad, paid â gorfeddwl. Os nad yw dy ganlyniad yn ymddygiad osgoi neu ddiogelwch, does dim ateb 'anghywir'. Bydd yn onest â ti dy hun a byddi di ar y trywydd iawn.

Symuda i'r ail saeth. Ar y pwynt hwn, gallai fod yn demtasiwn meddwl rhywbeth fel, *Ie, iawn, felly byddwn i'n teimlo embaras llwyr. Dyna ddiwedd y peth.* Paid â bod mor siŵr! Holl bwrpas y gwaith o fynd at wraidd y mater yw gofalu nad wyt ti'n esgusodi dy hun ag ateb syml o'r fath! Anaml iawn y byddwn ni'n stopio i feddwl y tu hwnt i'n syniad cyntaf o'r hyn fydd yn digwydd mewn sefyllfa sy'n teimlo'n fygythiol. Yn hytrach, dwi'n dy herio i barhau i ofyn, i fynd at wraidd dy ganlyniad cyntaf.

Ar gyfer yr ail saeth, mae angen i ti newid dy gwestiwn i ofyn beth fydd yn digwydd os wyt ti'n teimlo neu'n profi'r hyn y gwnest di ei nodi ar gyfer y saeth gyntaf. Er enghraifft, os mai dy ganlyniad ar gyfer y saeth gyntaf oedd 'Byddwn i'n teimlo embaras llwyr', nawr byddi di'n gofyn i ti dy hun, *Beth fydd yn digwydd os ydw i'n teimlo embaras llwyr?*

Unwaith eto, all dy ganlyniad di ddim cynnwys gwneud ymddygiad osgoi neu ddiogelwch arall. Yn hytrach, meddylia am y canlyniad pe na bai'r hyn roeddet ti'n meddwl fyddai'n digwydd yn y saeth gyntaf, yn digwydd. Yna ysgrifenna'r ateb hwnnw wrth ymyl yr ail saeth ar dy daflen waith.

Dal ati i fynd at wraidd y mater. Y syniad yw dyfalbarhau. Dal ati i ofyn cwestiynau i ti dy hun hyd nes y byddi di wedi dechrau datgelu dy ofnau dyfnaf. Efallai y byddi di'n edrych ar y canlyniadau hynny ac yn meddwl eu bod nhw'n annhebygol a hyd yn oed yn gwbl afresymol. Does dim ots am hynny; gwna nodyn ohonyn nhw yr un fath! Mae'n bwysig mynd at wraidd y meddyliau hyn oherwydd eu bod nhw'n dangos sut mae dy ymennydd yn gwneud i ti deimlo'n orbryderus. Mae'r ofnau dyfnach hyn yn gyrru dy orbryder cymdeithasol, hyd yn oed os nad wyt ti'n sylweddoli hynny. Felly rwyt ti eisiau datgelu natur afresymol dy feddyliau, nid dim ond stopio ar yr hyn rwyt ti'n meddwl y dylet ti fod yn ei feddwl. Cofia, rwyt ti'n gwneud hyn i ddeall fframwaith dy ofn.

Mae pum saeth gan y Daflen Waith Saeth i Lawr. Does dim rhif hud ar gyfer faint o saethau fydd eu hangen arnat ti i fynd at wraidd dy ofn mewn gwirionedd, ond dwi'n awgrymu gwneud o leiaf bum saeth ar gyfer pob sefyllfa sbardun. Os byddi di'n stopio ar ôl dwy neu dair saeth, mae'n debygol na fyddi di'n dysgu beth yw dy ofnau dyfnaf mewn sefyllfa sbardun arbennig. Fel y gweli di yn yr enghraifft sy'n dilyn, defnyddiodd Juanita un ar ddeg o saethau, ac mae'n debyg y gallai fod wedi dal ati.

Cofia nad oes ateb anghywir pan fyddi di'n mynd at wraidd y mater. Does dim un ateb chwaith nac un ofn 'go iawn'. Dyw e ddim fel y byddi di'n ymchwilio hyd nes y byddi di'n dweud, "Dyna ni! Dyna fy ofn go iawn!" Mewn egwyddor, mae'n debyg y gallen ni i gyd ymchwilio i fframweithiau ein hofn am weddill ein hoes! Y pwynt yma yw diosg haenau dy ofn nes i ti ddarganfod rhywbeth newydd amdanat ti dy hun.

Does dim angen i ti boeni ar hyn o bryd chwaith a yw dy ofnau dwfn yn iawn neu'n wir. Byddi di'n darganfod hynny drwy amlygu. Am y tro, cofia fod cael meddyliau eithafol sy'n seiliedig ar ofn yn beth cyffredin. Hyd yn oed os nad wyt ti'n ymwybodol o'r meddyliau hyn neu dy fod ti'n gwybod eu bod yn afresymol, maen nhw yn dy feddwl, yn dy rybuddio bod pethau ofnadwy ar fin digwydd ac yn dy gymell i gymryd rhan mewn ymddygiadau osgoi a diogelwch. Bydd defnyddio'r dechneg saeth i lawr i daflu goleuni ar fframwaith dy ofn yn dechrau datgloi eu dirgelwch.

Taith Saeth i Lawr Juanita

Gad i ni weld sut aeth Juanita i'r afael â'r broses saeth i lawr.

Sefyllfa: Ymarfer cyn twrnamaint pêl-droed heb chwarae'n ofalus iawn

Beth fydd yn digwydd yn y sefyllfa hon?

Bydda i'n teimlo'n orbryderus iawn ac yn debygol o wneud camgymeriadau.

⬇

Beth fydd yn digwydd os... dwi'n teimlo'n orbryderus iawn ac yn gwneud camgymeriadau?

Bydd merched eraill yn sylwi ac yn dechrau sôn amdana i y tu ôl i 'nghefn i.

⬇

Beth fydd yn digwydd os... bydd y merched eraill yn sylwi ac yn sôn amdana i y tu ôl i 'nghefn i?

Bydda i'n teimlo hyd yn oed yn fwy nerfus ac yn gwneud mwy o gamgymeriadau.

⬇

Beth fydd yn digwydd os... bydda i'n teimlo hyd yn oed yn fwy nerfus ac yn gwneud mwy o gamgymeriadau?

Byddan nhw'n meddwl 'mod i'n anobeithiol a ddylwn i ddim bod yn y tîm.

⬇

Beth fydd yn digwydd os... ydyn nhw eisiau i fi adael y tîm?

Bydda i'n teimlo cymaint o embaras a fydda i ddim eisiau chwarae o gwbl.

⬇

Beth fydd yn digwydd os... bydda i'n teimlo cymaint o embaras a ddim eisiau chwarae o gwbl?

Bydda i'n teimlo mor ofnadwy ac efallai y bydda i hyd yn oed yn chwydu.

⬇

Beth fydd yn digwydd os... dwi'n teimlo'n ofnadwy ac yn chwydu?

Byddan nhw'n gwneud hwyl am fy mhen ac yn dweud wrth bawb 'mod i'n wallgo.

⬇

Beth fydd yn digwydd os... ydyn nhw'n gwneud hwyl am fy mhen ac yn dweud wrth bawb?

Bydda i'n chwarae'n waeth a bydd yr hyfforddwr yn dewis chwaraewr arall yn fy lle i.

⬇

Beth fydd yn digwydd os... dwi'n chwarae'n waeth ac yn waeth a bod fy hyfforddwr yn dewis rhywun yn fy lle i?

Byddai hynny'n newid holl gynllun fy mywyd. Pêl-droed yw fy mywyd; mae colegau eisoes wedi dechrau trafod â fi.

⬇

Beth fydd yn digwydd os... yw cynllun fy mywyd yn newid a 'mod i'n methu cael ysgoloriaeth?

Byddwn i'n teimlo'n isel iawn ac efallai na fyddwn i byth yn mynd i'r coleg.

⬇

Beth fydd yn digwydd os... dwi byth yn mynd i'r coleg?

Byddai fy mywyd ar ben. Byddwn wedi siomi fy rhieni, fy nheulu, fy hyfforddwyr, a phawb arall yn enbyd. Efallai na fydda i'n iawn byth eto.

I ddechrau, doeddwn i ddim am roi cynnig ar y dechneg hon oherwydd ro'n i'n ofni y byddai dim ond meddwl am beidio â gwneud yr ymddygiad diogelwch o chwarae'n ofalus iawn yn fy ngwneud i'n fwy nerfus yn yr ymarfer. Ond mewn gwirionedd, ddigwyddodd hynny ddim. Fe ges i gymaint o ryddhad.

Yn fy saeth gyntaf i lawr, fe ofynnais i i fi fy hun beth fyddai'n digwydd petawn i'n mynd i ymarfer a ddim yn chwarae'n ofalus iawn. Doedd hi ddim yn anodd ateb hynny.

Ar gyfer yr ail saeth, gofynnais i beth fyddai'n digwydd petawn i'n teimlo'n hynod orbryderus ac yn gwneud camgymeriadau. Ar unwaith, ro'n i'n gwybod beth fyddai'n digwydd. Byddwn i'n gwneud rhywbeth i beidio ag ymarfer, fel hyd yn oed yn ffugio troi fy nghoes. Ond yna sylweddolais y byddai hynny'n ymddygiad osgoi. Felly roedd rhaid i fi dyrchu'n ddyfnach. Stopiais a dychmygu'r olygfa yn fy meddwl. Gwnaeth hynny fy helpu i sylweddoli 'mod i'n poeni y bydd merched eraill yn sylwi 'mod i'n orbryderus ac yn dechrau siarad y tu ôl i 'nghefn i. Felly fe wnes i nodi hynny.

Fe wnes i ychydig mwy o saethau. Dechreuais deimlo 'mod i'n troi mewn cylchoedd, ac yn ychwanegu mwy o saethau. Yn y bôn, mae teimlo'n orbryderus yn golygu bod pobl eraill yn sylwi 'mod i'n nerfus, a phan maen nhw'n sylwi 'mod i'n nerfus, mae hynny'n fy ngwneud i hyd yn oed yn fwy gorbryderus. Penderfynais i fod angen i fi wneud mwy na phum saeth i ddeall fframwaith fy ofn mewn gwirionedd.

Dwi'n falch 'mod i wedi gwneud – roedd yn gyfle i ddod yn gyfarwydd â'r dechneg saeth i lawr. Pan wnes i hynny, fe welais fod fy mhryderon yn eithaf dwys. Dwi'n poeni beth mae merched eraill yn ei feddwl amdana i, ac mae hynny'n tueddu i chwyddo yn fy meddwl. Dwi'n darogan y dyfodol ac yn trychinebu'n wyllt. Un funud, dwi'n poeni am ferched yn sôn amdana i y tu ôl i 'nghefn i. Y funud nesaf, dwi'n poeni y bydd fy mywyd ar ben oherwydd 'mod i'n methu chwarae pêl-droed oherwydd fy ngorbryder!

Mae fy mam, fy hyfforddwr, a'r merched eraill wastad yn dweud 'mod i'n chwaraewr da, ond dydw i ddim yn eu credu nhw. Dwi'n meddwl bod nhw jest yn bod yn ffein. Maen nhw'n fy atgoffa i sawl gôl dwi wedi'u sgorio a phethau felly. Ond dwi'n dal ddim yn credu 'mod i'n dda. Ar adegau eraill, serch hynny, dwi'n gallu cael hwyl yn chwarae. Ar ddyddiau fel hynny, dwi'n teimlo bod fy ngwaith caled yn talu ar ei ganfed. Mae'n rhyfedd iawn 'mod i'n poeni cymaint 'mod i'n chwaraewr gwael, pan dwi'n chwarae'n ddigon da i sgorio a helpu'r tîm gan amlaf.

CWESTIYNAU CYFFREDIN

C: *Beth sy'n digwydd os yw fy rhagfynegiad seiliedig ar ofn yn dod yn wir? Beth os yw'r canlyniadau drwg yn digwydd mewn gwirionedd, fel dwi'n meddwl y byddan nhw?*

A: Mewn bywyd, allwn ni ddim osgoi'n llwyr deimlo embaras neu'n anghyfforddus mewn sefyllfaoedd cymdeithasol. Mae pawb yn gwneud camgymeriadau bach! Mae pobl sydd â gorbryder cymdeithasol yn aml yn trio'n hynod o galed i wneud popeth yn berffaith er mwyn peidio â thynnu unrhyw sylw negyddol atyn nhw eu hunain. Ond does neb ar eu hennill os wyt ti'n ceisio cadw at safonau annhebygol. Mae'n achosi gorbryder, mae'n diflasu eraill ac yn chwalu cyfeillgarwch. Yn bwysicaf oll, mae'n safon amhosib ei chyrraedd. Mae dysgu sut i oddef sefyllfa amhosib ei hosgoi yn well o lawer, yn tydy?

Un o amcanion amlygu yw rhoi cyfle i ti ddysgu nad yw pobl eraill yn talu fawr o sylw i dy gamgymeriadau. Mae beirniadaeth agored yn beth prin.

Nod arall yw rhoi'r cyfle i ti ddysgu, hyd yn oed os wyt ti'n cael dy farnu'n negyddol am wneud rhywbeth sy'n codi embaras, fel sarnu neu ollwng rhywbeth, y galli di ei oddef. Felly bydda i'n aml yn gofyn i bobl ifanc yn eu harddegau 'amlygu eu hunain i embaras bwriadol'. Mae'r grisiau ar eu hysgolion yn cynnwys gollwng neu sarnu pethau, cerdded o gwmpas â staen ar eu crys, gofyn i'r gweinydd mewn caffi a ydyn nhw'n gwerthu coffi, ac yn y blaen. Mae'r amlygu i sefyllfaoedd o'r fath yn gyfle iddyn nhw ddysgu eu bod nhw'n gallu ymdopi â nhw

C: *Pa mor aml dylwn i ddefnyddio'r dechneg saeth i lawr?*

A: Unwaith ar gyfer pob sefyllfa sbardun, neu un daflen waith fesul sefyllfa. Pan fyddi di'n gwybod manylion fframwaith dy ofn ar gyfer y sefyllfa honno a'r ymddygiadau hynny, fydd dim angen i ti ei hailadrodd.

Mae rhai pobl yn gwneud y camgymeriad o ddefnyddio'r ymarfer saeth i lawr bob tro maen nhw mewn sefyllfa sbardun. Maen nhw'n meddwl y bydd gwneud hynny yn eu helpu i weld natur afresymol eu hofnau ac felly'n gwneud iddyn nhw deimlo'n well. Ond wyddost ti beth? O'i defnyddio felly, gall y dechneg saeth i lawr ddod yn ymddygiad diogelwch – ateb cyflym ar gyfer gorbryder. Nid dyna bwrpas yr ymarfer saeth i lawr. Felly paid â'i ddefnyddio'n rhy aml.

C: *Mae dim ond gwybod bod fy ofnau'n afresymol wedi fy helpu. Sut bydd gwneud y dechneg saeth i lawr yn helpu?*

A: Mae llawer o bobl ifanc yn eu harddegau sydd â gorbryder cymdeithasol yn sylweddoli bod eu hofnau naill ai'n rhai dros ben llestri neu'n afresymol. Ond dyw hynny ar ei ben ei hun ddim bob amser yn ddigon. *Nid* pwrpas y dechneg saeth i lawr yw dy gael i weld rheswm ond yn hytrach i dy helpu i ddeall fframwaith dy ofn. Pan fyddi di'n deall yn well sut mae dy ymennydd yn gweithio, galli di ddylunio amlygu mwy effeithiol. Byddi di'n gallu targedu'r canlyniadau rwyt ti'n eu hofni ac yn eu rhagweld yn fwy cywir. Fe weli di beth sydd gen i yn y bennod nesaf pan fyddi di'n dechrau cynllunio dy amlygu.

PENNOD 8

Cynllunio arbrawf amlygu

Mae'r amser wedi dod i ni fwrw iddi go iawn! Yn y bennod hon, rwyt ti'n mynd i gynllunio dy arbrawf amlygu cyntaf. Rydyn ni'n mynd i fynd trwy'r manylion i gyd fel dy fod ti'n gwybod yn union beth bydd angen ei wneud wrth amlygu. Yn y bennod ddiwetha, rwyt ti wedi dysgu'n barod bod amlygu yn ffordd o brofi dy ragfynegiad sy'n seiliedig ar ofn. Po fwyaf y byddi di'n herio dy ragfynegiadau sy'n seiliedig ar ofn, cryfa'n byd y pethau newydd byddi di'n eu dysgu.

Cyn i ti wneud dy arbrawf amlygu, byddi di'n llenwi Taflen Waith cyn yr Arbrawf. Cer i http://www.newharbinger.com/47056 i lawrlwytho ac argraffu'r ffurflen (yn Saesneg yn unig), neu copïa'r cwestiynau ar daflen waith yn dy lyfr nodiadau neu ffôn. Bydd y daflen waith yn gofyn i ti asesu'r canlynol:

- beth rwyt ti'n bwriadu ei wneud
- beth rwyt ti'n poeni fwyaf fydd yn digwydd
- sut byddi di'n gwybod a yw'r hyn rwyt ti'n ei ragweld yn digwydd mewn gwirionedd
- pa mor gryf yw dy gred bod dy ragfynegiad yn gywir
- dy sgôr SUDS
- pa ymddygiadau osgoi neu ddiogelwch gallet ti fod eisiau eu gwneud
- pa mor hyderus rwyt ti y galli di amlygu heb wneud ymddygiadau osgoi neu ddiogelwch.

Gad i ni edrych ar bob un o'r eitemau hyn yn fwy gofalus fel y galli di lenwi'r daflen waith a bod yn barod ar gyfer dy amlygu dy hun am y tro cyntaf. Hoffwn i ti feddwl am y Daflen Waith cyn yr Arbrawf fel patrwm dy gynllun amlygu. Felly, bydda i'n rhoi dwy enghraifft: un ar ddiwedd y bennod hon, wedi'i llenwi gan Juanita, ac un yn y bennod nesaf, wedi'i llenwi gan Diya. Fel hyn fe gei di weld sut mae'n gweithio ar gyfer dwy sefyllfa sbardun wahanol.

BETH RWYT TI'N BWRIADU EI WNEUD

Ysgrifenna dy gynllun ar linell gyntaf dy Daflen Waith cyn yr Arbrawf. Dechreua drwy ystyried yr amodau penodol y mae angen i ti eu cynnwys yn dy gynllun i brofi dy ragfynegiad. Er mwyn dy helpu i bennu'r manylion hyn, gofynna'r cwestiynau canlynol i ti dy hun:

Ble mae angen i fi wneud hyn a gyda phwy?

Pryd mae angen i fi wneud hyn?

Am faint mae angen i fi wneud hyn?

Pa mor aml mae angen i fi ei wneud?

Ble mae angen i fi wneud hyn a gyda phwy?

Gwna dy gynllun mor benodol â phosib. Er enghraifft, cerdded yng nghoridorau'r ysgol yw dy sefyllfa sbardun. Os wyt ti'n dewis coridor gwag, fydd gen ti ddim sgôr SUDS. Bydd dy sgôr SUDS yn adlewyrchu faint o blant sydd yno, pa fath o blant, pa ran o'r coridor, ac yn y blaen. Bydd cerdded i lawr y coridor amser cinio, pan fydd llawer iawn o blant poblogaidd yno, yn rhoi sgôr SUDS uwch i ti na cherdded rhwng, er enghraifft, y dosbarth Saesneg a'r dosbarth drws nesaf ar gyfer dy wers Ffrangeg. Felly dewisa dy leoliad yn unol â hynny.

Yn yr un modd, meddylia pwy rwyt ti eisiau bod yn fwy cyfforddus yn eu cwmni. Bydd hyn yn gysylltiedig â'r sefyllfa sbardun ar gyfer dy amlygu. Mae'n siŵr mai dy gyfoedion fyddan nhw. Ond meddylia'n ofalus pwy sy'n dy sbarduno yn y sefyllfa honno. Ai bechgyn, merched, plant poblogaidd, plant golygus neu dlws, plant athletig, plant hŷn, plant dwyt ti ddim yn eu hadnabod yn dda? Neu athrawon? Os yw'r sefyllfa mewn dosbarth penodol, meddylia a yw dy sgôr SUDS yn gysylltiedig â nifer y myfyrwyr.

Mae dod o hyd i sefyllfaoedd tebyg eraill y galli di ymarfer ynddyn nhw yn bwysig hefyd. Er enghraifft, gwna gynllun i gerdded trwy wahanol goridorau, nid dim ond yr un coridor bob tro. Neu, yn ogystal â rhannu dy farn yn y dosbarth Astudiaethau Cymdeithasol, gwna hynny yn y dosbarth Saesneg. Galli di ddechrau bod yn greadigol yma. Gallet ti gynllunio i rannu dy farn â phlant yn y ffreutur amser cinio a gartref pan fydd ffrind dy chwaer draw am swper. Dwi'n gwybod 'mod i wedi dweud wrthot ti am fod yn benodol wrth gynllunio dy amlygu, ond fe gei di fod yn greadigol hefyd. Dechreua drwy fod yn ddigon penodol i dargedu fframwaith dy ofn, yna ehanga i gynnwys sefyllfaoedd cysylltiedig sydd â sgôr SUDS tebyg. Fel hyn, byddi di'n gallu cael cymaint o ymarfer amlygu â phosib. Does dim angen i ti ehangu cymaint fel dy fod ti'n symud i ris arall ar dy ysgol amlygu, â sgôr SUDS uwch. Ond os yw hynny'n digwydd a dy fod ti'n teimlo'n iawn am y peth, cer amdani!

Pryd mae angen i fi wneud hyn?

Dylet ti amlygu bob dydd, os oes modd. Edrycha ar dy amserlen i weld pryd yn union byddai'r amser gorau i ti ymarfer. Gallai'r sefyllfa benderfynu hynny i ti. Er enghraifft, mae dosbarth Astudiaethau Cymdeithasol a gwasanaethau ysgol yn digwydd ar amseroedd penodol.

Fodd bynnag, fydd gan y rhan fwyaf o amlygu rwyt ti'n ei gynllunio ddim amserlen benodol sydd wedi'i threfnu ymlaen llaw. Felly bydd aros tan y byddi di'n 'teimlo fel amlygu' neu hyd nes y bydd yn teimlo'n 'iawn' yn achosi problemau. I ddechrau, mae hynny'n ymddygiad osgoi. Ar ben hynny, bydd yn golygu dy fod ti'n teimlo'n orbryderus drwy'r dydd a bydd dy feddwl ar yr amlygu o fore gwyn tan nos. Yn hytrach, gosoda amser sy'n gwneud synnwyr. Er enghraifft, os wyt ti'n mynd i ymatal rhag esgus peidio â gweld y plant poblogaidd, meddylia pryd rwyt ti yng nghwmni'r plant hynny. Efallai y gallet ti ymarfer yr amlygu yn ystod egwyl neu ar ôl ysgol. Gosoda larwm atgoffa ar dy ffôn ac addo i ti dy hun y byddi di'n cadw at dy gynllun.

Am faint mae angen i fi wneud hyn?

Dylai amlygu bara heibio'r pwynt y byddet ti'n disgwyl i'r canlyniad rwyt ti wedi'i ragweld ac yn ei ofni ddigwydd. Bydd hyn yn amrywio, yn dibynnu ar y sefyllfa a'r canlyniad rwyt ti'n ei ofni.

Er enghraifft, dywed fod dy amlygu yn golygu bod yn y ffreutur pan fydd plant eraill yn bresennol, a pheidio â gwneud yr ymddygiad diogelwch o esgus peidio â gweld y plant poblogaidd. Fydd un funud yn ddigon i brofi a ydy'r plant eraill yn dy anwybyddu di'n llwyr neu'n sarhaus tuag atat? Neu ydy pum munud yn mynd i fod yn brawf gwell? Gosoda amserydd ar dy ffôn os yw'n dy helpu di i gynllunio.

Neu yn achos amlygu sy'n golygu rhannu dy farn yn y dosbarth Astudiaethau Cymdeithasol i weld a yw dy feddwl yn mynd yn wag, meddylia sawl gwaith mae angen i ti rannu barn er mwyn i'r canlyniad hwnnw ddigwydd. Ydy codi dy law i rannu barn yn ddigon? Neu a fydd angen i ti gynllunio i siarad am amser hir? A pha mor hir sy'n ddigon hir? Os nad wyt ti'n siŵr, cer yn ôl yr amser y mae'r plant eraill yn y dosbarth yn ei gymryd i roi eu barn, yn fras.

Cynllunia dy amlygu i roi digon o amser i ti ddod ychydig yn fwy cyfforddus yn y sefyllfa honno gan beidio â defnyddio ymddygiadau osgoi a diogelwch. Mae aros mewn sefyllfa sbardun yn ddigon hir neu ailadrodd amlygiad ddigon o weithiau i roi'r cyfle i ti dy hun ddysgu rhywbeth newydd, yn rheol dda ar gyfer amlygu.

Pa mor aml mae angen i fi ei wneud?

Efallai na fydd angen cymaint o amser â hynny arnat ti i ymarfer pob amlygiad, ond mae pa mor aml rwyt ti'n gwneud yr amlygiad hwnnw'n bwysig. Dewisa sefyllfa sy'n digwydd yn aml fel y galli di ddod yn dy flaen yn gyflym. Mwya'n byd byddi di'n amlygu, cyflyma'n byd y byddi di'n teimlo llai o bryder yn dy sefyllfa sbardun. Felly gwna addewid i wneud cymaint bob dydd neu bob wythnos ag y galli di. Does dim terfyn uchaf.

Wrth gwrs, bydd rhai sefyllfaoedd sbardun yn digwydd yn fwy anaml nag eraill. Neu efallai na fydd modd amlygu sawl gwaith yn y sefyllfa honno bob dydd. Er enghraifft, os yw dy amlygu yn cynnwys rhannu dy farn yn y dosbarth Astudiaethau Cymdeithasol, dim ond ar ddiwrnodau y mae gen ti Astudiaethau Cymdeithasol y galli di wneud hynny. Wedi dweud hynny, galli di amlygu fwy nag unwaith ym mhob dosbarth.

Yn ddelfrydol, gwna dy orau i wasgaru dy amlygu gydol y dydd, bob dydd. Er enghraifft, gwna un yn y bore, un am hanner dydd, un yn y prynhawn, ac un gyda'r nos. Trwy eu gwasgaru fel hyn, rwyt ti'n osgoi'r fagl o geisio darfod â nhw fel y galli di roi diwedd ar yr holl beth. Yn CBT, *white knuckling* yw'r term am hyn, neu 'dal yn dynn a mynd amdani'! Mae'n fath o osgoi ac mae'n dy atal di rhag dysgu cymaint ag y gallet ti. Mae'n atal dy gynnydd wrth i ti ddysgu goddef sefyllfa sbardun.

Tri chynllun enghreifftiol

Dyma rai cynlluniau roedd y criw wnest ti gyfarfod â nhw yn y bennod ddiwetha wedi addo cadw atyn nhw.

Mae Chan yn cynllunio amlygu i siarad â phlant eraill heb wneud yr ymddygiad diogelwch o wisgo clustffonau. Gan mai cyrraedd yr ysgol heb wisgo'i glustffonau sydd â'r sgôr SUDS isaf, penderfynodd mai dyma fyddai ei ris cyntaf. Mae'n penderfynu na fydd yn gwisgo clustffonau pan fydd yn cyrraedd yr ysgol bum diwrnod yr wythnos. Mae'n hyderus y gall wneud hynny am o leiaf ddeg i bymtheg munud cyn i'r dosbarthiadau ddechrau. Bydd hyn yn gyfle iddo amlygu yn ddigon aml ac am gyfnod digon hir i ddysgu rhywbeth newydd.

Mae amlygiad Sophie yn cynnwys bwyta o flaen eraill. Ar gyfer amlygu am y tro cyntaf, penderfynodd fwyta byrbrydau yn yr ysgol o flaen plant eraill. Fydd hi ddim yn bwyta cinio yn y ffreutur o hyd, oherwydd mae gan hynny sgôr SUDS uwch nag mae hi'n gallu ymdopi ag e ar hyn o bryd. Bydd hi'n bwyta dau fyrbryd sydd ddim yn rhy flêr yn ystod y dydd, bum diwrnod yr wythnos.

Mae amlygiad Kyle yn golygu siarad o flaen ei ddosbarth heb wneud yr ymddygiad diogelwch o ymateb ag un gair neu frawddegau byr. Fe sydd i benderfynu pa mor hir dylai ei ymatebion fod, i beidio â chael eu hystyried yn 'fyr'. Yn yr achos hwn, mae Kyle yn sylwi bod y rhan fwyaf o blant yn ymateb â thua thair brawddeg. Mae hefyd yn meddwl am ba ddosbarthiadau i amlygu ynddyn nhw. Mae Kyle yn penderfynu eu gwneud nhw yn Saesneg a Mathemateg er mwyn iddo allu amlygu bob dydd. Mae hefyd yn siarad mewn brawddegau byr mewn sefyllfaoedd cymdeithasol â grwpiau mawr o blant. Fodd bynnag, mae gan y sefyllfa sbardun honno sgôr SUDS uwch, felly mae Kyle yn ei gadael am y tro am ris arall ar ei ysgol amlygu.

Ac os wyt ti'n cofio Juanita ac yn meddwl tybed beth yw ei chynllun hi, dal dy afael!

Fe ddown ni at ei hadroddiad llawn hi yn y man.

DY BRIF BRYDER A SUT BYDDI DI'N GWYBOD A YW'N DIGWYDD

Bwriad yr amlygu rwyt ti'n ei gynllunio nawr yw targedu dy ofnau. Ac rwyt ti'n gwybod beth yw fframwaith dy ofn ar ôl gwneud y dechneg saeth i lawr. Ond cofia, dy nod yw profi dy ragfynegiad. Rwyt ti eisiau gwybod a fydd yr hyn rwyt ti'n ei ragweld yn digwydd go iawn. Felly mae angen i ti fod yn fanwl ar y rhan hon o'r Daflen Waith cyn yr Arbrawf: beth rwyt ti'n poeni fwyaf fydd yn digwydd?

Er enghraifft, mae Chan yn poeni y bydd plant eraill yn siarad ag ef os nad yw'n gwisgo clustffonau. Dangosodd yr ymarfer saeth i lawr iddo mai'r hyn sy'n ei boeni fwyaf yw cael atal dweud a gwneud ffŵl o'i hun o flaen y disgyblion hynny os oes rhaid iddo siarad â nhw.

Mae Sophie yn poeni, os yw hi'n bwyta o flaen pobl eraill, y bydd hi'n gwneud rhywbeth – fel chwydu neu stwffio gormod o fwyd yn ei cheg a gwneud llanast – sy'n rhoi golwg anneniadol iddi. Ei phrif bryder yw y bydd plant yn dweud ei bod hi'n afiach neu'n ffiaidd, ac felly fyddan nhw ddim eisiau bod yn ei chwmni hi mwyach.

Mae Kyle yn poeni os nad yw'n siarad mewn brawddegau byr yn y dosbarth, y bydd yn dweud rhywbeth dwl neu'n ynganu ei eiriau'n anghywir, a bydd hyn yn gwneud iddo chwysu a mynd yn fwy nerfus. Os bydd e'n gwneud hynny, mae'n poeni y bydd y disgyblion eraill – yn ogystal â'i athrawon – yn meddwl nad oes llawer yn ei ben. Ei brif bryder yw y bydd yn cael gradd wael ac yn rhoi ei gynllun i fynd i'r coleg yn y fantol.

Ar gyfer dy arbrawf amlygu, penderfyna sut galli di ddweud a yw dy bryder yn digwydd mewn gwirionedd pan fyddi di'n amlygu. I wneud hyn, chei di ddim defnyddio dy emosiynau na dy gredoau pryderus. Rydyn ni eisoes wedi gweld bod y credoau hynny'n debygol iawn o fod yn anghywir. Nhw sydd wedi dy roi di yn y picil yma yn y lle cyntaf!

Yn hytrach na dibynnu ar dy gredoau, mae angen i ti gynhyrchu tystiolaeth weladwy a gwrthrychol. Beth mae hynny'n ei olygu? Ystyr *gweladwy* yw dy fod ti'n gallu gweld y dystiolaeth â dy synhwyrau corfforol. Rwyt ti'n gallu ei gweld (neu ei chlywed) yn digwydd. Mae *gwrthrychol* yn golygu nad dim ond dy farn bersonol di yw'r dystiolaeth. Gall pobl eraill weld (neu glywed) yr un dystiolaeth hefyd a'i chadarnhau.

Pan fyddi di'n byw gyda gorbryder cymdeithasol, efallai fydd bod yn wrthrychol am y canlyniadau rwyt ti'n eu hofni mewn sefyllfaoedd sbardun ddim yn dod yn naturiol. Mae'n sgìl y bydd angen i ti ei feithrin efallai. I dy helpu di i wneud hyn, dwi wedi rhestru rhai enghreifftiau cyffredin o ganlyniadau mae pobl yn eu hofni. Ar gyfer pob un, dwi wedi rhoi'r math o dystiolaeth wrthrychol y bydd angen i ti allu ei chasglu yn ystod dy arbrawf amlygu i ateb y cwestiwn sydd gen ti dan sylw.

Canlyniad a ofnir	Tystiolaeth wrthrychol
"Mae hi'n meddwl 'mod i'n dwp."	Mae hi'n barnu dy waith deallusol ar lafar.
"Mae pawb yn meddwl 'mod i'n od."	Mae disgyblion yn edrych arnat ti'n rhyfedd, ac mae pobl eraill yn gweld hynny.
"Fyddan nhw ddim yn siarad â fi achos maen nhw'n meddwl y bydda i'n boen os dwi'n ymuno â'r sgwrs."	Mae disgyblion yn dy anwybyddu di pan fyddi di'n dweud "haia" neu'n siarad â nhw'n uniongyrchol.
"Bydd pobl yn meddwl bod fy neges ar y cyfryngau cymdeithasol yn dwp a 'mod i ddim yn gwneud dim byd cŵl."	Rwyt ti'n cael sylwadau negyddol ar dy neges.
"Bydda i'n teimlo cymaint o gywilydd, fydda i ddim yn gallu ymdopi."	Rwyt ti'n methu goddef dwy funud o deimlo cywilydd ac rwyt ti'n gadael.
"Os dwi'n codi fy llaw yn y dosbarth, bydda i'n cael atal dweud a bydd pobl yn chwerthin ar fy mhen i."	Rwyt ti'n cael atal dweud ac yn clywed chwerthin.
"Os dwi'n mynd i'r ddawns ac yn gofyn i Maria ddawnsio gyda fi, bydd hi'n dweud na."	Rwyt ti'n gofyn i Maria ac mae hi'n dweud na.

"Os dwi'n rhoi fy marn am gerddoriaeth pync i Tom, fydd e ddim yn fy hoffi i rhagor."	Rwyt ti'n rhoi dy farn am gerddoriaeth pync i Tom, a dyw e ddim eisiau bod yn ffrind i ti mwyach.
"Os dwi'n dweud 'haia' wrth Jackson, bydd e'n meddwl 'mod i'n ei stelcio."	Rwyt ti'n dweud "haia" wrth Jackson yn uchel ac mae e'n dy anwybyddu di neu'n dweud wrthot ti am fynd i ganu.
"Os bydda i'n gwisgo gwisg nofio, bydd pawb yn gwneud hwyl ar ben fy nghoesau dryw."	Pan fyddi di'n gwisgo dy wisg nofio, mae plant yn chwerthin, yn pwyntio at dy goesau, ac yn dweud eu bod nhw'n rhy denau.
"Bydda i'n disgyn oddi ar y trawst cydbwysedd a bydd pawb yn chwerthin ar fy mhen."	Rwyt ti'n disgyn oddi arno ac yn clywed pawb yn chwerthin.
"Bydda i'n gwneud smonach o'r arbrawf. Pan fyddwn ni'n cael F, bydd fy mhartner yn y labordy yn fy meio i."	Rwyt ti'n cael F go iawn ac mae dy bartner yn dy feio di.
"Fydd neb yn siarad â fi yn y parti."	Does neb yn siarad â ti yn y parti er dy fod yn gwneud dy orau glas i gymysgu â phobl.
"Wnaeth Sarah ddim tecstio fi heddiw. Dyw hi ddim eisiau bod yn ffrind i fi."	Ar ôl i Sarah beidio â dy decstio di, dyw hi ddim yn siarad â ti mwyach.
"Bydda i mor nerfus, bydda i'n chwydu wrth y bwrdd, a fydd Marco byth yn gofyn i fi fynd ar ddêt eto."	Rwyt ti'n chwydu wrth y bwrdd go iawn ac yna dyw Marco ddim yn siarad â ti mwyach.
"Os dwi'n trio bwyta o flaen disgyblion eraill, bydda i'n teimlo mor nerfus fydda i ddim yn gallu bwyta."	Rwyt ti'n ymrwymo i fwyta tamaid o dy frechdan amser cinio ac rwyt ti'n methu gwneud.

"Os dwi'n postio hunlun, fydd neb yn ei hoffi."	Rwyt ti'n postio hunlun a does neb yn ei hoffi.
"Os dwi'n cerdded yng nghyntedd yr ysgol ar fy mhen fy hun, fydd neb yn dweud helô."	Rwyt ti'n cerdded yn y cyntedd rhwng dy ddosbarthiadau ac mae pawb yn dy anwybyddu.
"Os bydd unrhyw un yn fy nghlywed i'n canu, bydda i'n teimlo cymaint o gywilydd, fydda i ddim yn gallu ymdopi."	Rwyt ti'n canu ychydig ac yn gadael yr ysgol ar unwaith.

CRYFDER DY RAGFYNEGIAD

Ar y Daflen Waith cyn yr Arbrawf, byddi di hefyd yn rhoi sgôr i gryfder dy ragfynegiad – hynny yw, faint rwyt ti'n credu yn y rhagfynegiad hwnnw. Ar gyfer hyn, byddi di'n defnyddio'r sgoriau BIP – *belief in prediction* – rwyt ti wedi bod yn dysgu amdanyn nhw a'u hymarfer ym mhennod 3. O'r diwedd rwyt ti'n cael defnyddio'r dull hwn o dy gronfa o ddulliau!

Mae'r sgôr BIP yn bwysig oherwydd mae'n rhoi sail i ti werthuso llwyddiant dy amlygu. Byddi di hefyd yn gweld faint mae dy gredoau sy'n seiliedig ar ofn yn newid bob tro rwyt ti'n dy amlygu dy hun. Fel gydag unrhyw arbrawf gwyddonol, rwyt ti am allu cymharu dy 'cyn' â dy 'ar ôl'.

Er enghraifft, os mai Chan wyt ti, pa mor gryf yw dy gred y byddi di'n teimlo'n hynod orbryderus, yn cael atal dweud, ac y bydd dy feddwl yn mynd yn hollol wag fel na fyddi di'n gallu yngan yr un gair pan fydd disgyblion eraill yn ceisio siarad â ti? Os mai Sophie wyt ti, pa mor gryf yw dy gred y byddi di'n chwydu ac na fydd plant eraill am fod yn dy gwmni di mwyach pan fyddi di'n bwyta byrbryd o'u blaenau? Neu os mai Kyle wyt ti, pa mor gryf yw dy gred y byddi di'n cynhyrfu'n lân ac y bydd disgyblion eraill yn beirniadu'r hyn rwyt ti'n ei ddweud pan fyddi di'n siarad mewn brawddegau hirach yn y dosbarth?

Bydd dy sgôr ar ffurf canran o 0 i 100 y cant. Yn enwedig ar gyfer y tro cyntaf i ti amlygu, mae'n debyg y bydd dy sgôr yn 50 y cant neu'n uwch. Os nad yw mor uchel â hynny, mae hynny'n golygu dy fod ti eisoes yn gwybod yn eithaf siŵr na fydd yr hyn rwyt ti'n poeni amdano fwyaf yn digwydd go iawn. Er enghraifft, dychmyga mai dim ond 20 y cant yn siŵr mae Chan y bydd yn teimlo'n orbryderus ac yn cael atal dweud. Os yw'n cynnal ei arbrawf a dyw e ddim yn teimlo'n orbryderus neu'n cael atal dweud, efallai fydd e ddim yn synnu. Ond mae e wedi dysgu rhywbeth. Hefyd, efallai y bydd yn barod i symud ymlaen i'w amlygiad nesaf yn gynt nag roedd e'n ei ddisgwyl.

Hyd yn oed os wyt ti'n credu'n rhesymegol y bydd y canlyniad rwyt ti'n ei ofni yn digwydd ddim ond 20 y cant o'r amser, efallai y bydd gen ti sgôr SUDS uwch nag rwyt ti'n ei feddwl y dylai fod gen ti. Mae hynny'n normal. A dyna pam mae angen i ti gynnal yr arbrawf amlygu rwyt ti wedi'i gynllunio.

DY SGÔR SUDS

Mae gen ti sgôr SUDS ar gyfer gris cyntaf dy ysgol yn barod. Defnyddiaist ti'r sgôr hwnnw i benderfynu ar dy ris cyntaf o'r ysgol. Fodd bynnag, wrth i ti benderfynu beth yn union fydd dy amlygiad cyntaf, byddi di am ailasesu dy sgôr. Pan fydd hi bron yn bryd i ti amlygu, efallai y bydd yn ymddangos yn fwy brawychus nag roedd e pan oeddet ti'n meddwl am y peth yn unig. Neu efallai y byddi di'n sylweddoli y bydd amlygu'n haws nag roeddet ti wedi'i ddychmygu. Beth bynnag fydd yn wir, rwyt ti eisiau gwneud yn siŵr nad wyt ti'n gwneud yr amlygu yn rhy anodd nac yn rhy hawdd.

Er enghraifft, mae gan Chan sgôr SUDS o 4 am gerdded o gwmpas yr ysgol heb wisgo clustffonau yng nghwmni disgyblion eraill. Os yw'n cynllunio amlygu pan nad yw'n gwisgo ei glustffonau yn ystod chwarter awr cyntaf y diwrnod ysgol gan wybod y gall ddal ati i'w defnyddio weddill y dydd, bydd ei sgôr SUDS yn dal i fod yn 4. Fodd bynnag, petai Chan yn rhoi'r gorau i ddefnyddio ei glustffonau drwy'r dydd, byddai ei sgôr SUDS yn neidio i 6, ac mae'n debyg y byddai'r amlygu yn rhy anodd.

Ar y llaw arall, os nad yw dy amlygu yn targedu fframwaith dy ofn, mae'n debyg o fod yn rhy hawdd. Dychmyga Kyle yn dewis dosbarth Addysg Gorfforol fel y lle i wneud ei amlygu o siarad o flaen y dosbarth heb wneud ei ymddygiad diogelwch o ddefnyddio brawddegau byr. Y broblem yw does dim angen iddo siarad llawer yn Addysg Gorfforol, felly mae'r canlyniad mae'n ei ofni, sef y disgyblion eraill yn meddwl ei fod yn dwp, yn llawer llai tebygol o ddigwydd yno. Mae hynny oherwydd nad yw'r amlygu hwn yn targedu fframwaith ei ofn. Yn wir, pan fydd Kyle yn asesu ei sgôr SUDS eto, mae'n gweld mai dim ond sgôr o 2 sydd gan y dosbarth Addysg Gorfforol. Felly, mae'n penderfynu cadw at ddosbarthiadau Saesneg a Mathemateg.

Yr allwedd yw cynllunio dy amlygu fel dy fod ti'n teimlo y galli di ymdopi ag e. Dylet barhau i'w fireinio ac ailasesu dy sgôr SUDS nes y byddi di'n teimlo'n gyfforddus am yr hyn rwyt ti ar fin ei wneud.

DY YMDDYGIADAU OSGOI A DIOGELWCH SY'N DY DEMTIO

Mae'r Daflen Waith cyn yr Arbrawf yn gofyn i ti adnabod ac ysgrifennu'r ymddygiadau y gallet ti deimlo temtasiwn i'w defnyddio yn ystod yr amlygiad sydd gen ti mewn golwg. Mae'n siŵr dy fod ti'n gwybod beth rydyn nhw'n barod gan mai ti gynlluniodd dy arbrawf i ymatal rhag eu gwneud. Ond aros funud! Efallai y byddi di'n cael dy demtio i wneud ymddygiadau osgoi a diogelwch newydd, ar wahân i'r rhai rwyt ti'n bwriadu ymatal rhag eu gwneud.

Er enghraifft, mae Chan yn ymatal rhag gwneud yr ymddygiad diogelwch o wisgo clustffonau pan mae'n cyrraedd yr ysgol. Mae'n gwybod y bydd yn cael ei demtio i wisgo ei glustffonau os oes rhaid iddo gerdded trwy griw mawr o ddisgyblion yn union ger ei locer. O feddwl mwy am y peth, mae'n sylweddoli y gallai gael ei demtio hefyd i wneud ei ymddygiad osgoi o ddychmygu ei fod yn chwarae gêm fideo.

Mae Sophie yn gwybod y gallai gael ei themtio i osgoi bwyta'r ddau fyrbryd mae hi wedi ymrwymo i'w bwyta o flaen y disgyblion eraill. Mae'n amau y gallai hi gael ei themtio i'w bwyta ar ôl ysgol, ar ei ffordd adref. Neu, os yw hi wir yn llwgu, y gallai gael ei themtio i'w bwyta yn y toiledau, lle nad oes neb yn gallu ei gweld hi.

LEFEL DY HYDER

Mae'r cwestiwn olaf ar y Daflen Waith cyn yr Arbrawf yn gofyn i ti fesur pa mor hyderus wyt ti o ran gallu *peidio* â gwneud unrhyw ymddygiad osgoi neu ddiogelwch. Mae'n gam pwysig os wyt ti'n mynd i lwyddo.

Mae sgorio lefel dy hyder yn rhoi trydedd ffordd i ti (yn ogystal â dy sgôr BIP a dy sgôr SUDS) i wneud yn siŵr bod dy amlygiad ar y trywydd iawn. Os wyt ti'n hyderus iawn y galli di amlygu heb wneud unrhyw ymddygiad osgoi neu ddiogelwch, mae'n debyg dy fod ti wedi cynllunio arbrawf effeithiol. Ond os yw dy hyder yn ganolig neu'n isel, fe ddylet ti ystyried addasu dy gynllun i wneud dy amlygiad cyntaf ychydig yn haws.

Adroddiad Juanita

Mae'r bennod hon wedi rhoi sylw i lawer o fanylion. Er mwyn dy helpu i roi'r darnau i gyd ynghyd, dyma Daflen Waith cyn yr Arbrawf Juanita a'i hadroddiad yn disgrifio sut y gwnaeth hi ei llenwi.

Beth dwi'n bwriadu ei wneud: Mynd ar ôl y bêl pryd bynnag dwi'n cael y cyfle yn yr ymarfer pêl-droed.

Beth yw fy mhrif bryder? Y bydda i'n mynd yn orbryderus iawn ac yn baglu neu'n cwympo dros y bêl. Bydd y merched yn chwerthin ar fy mhen ac yn sôn amdana i y tu ôl i 'nghefn i. Byddan nhw'n dweud na ddylwn i fod yn y tîm.

Sut bydda i'n gwybod bod hyn wedi digwydd? Bydda i'n clywed y merched yn chwerthin ar fy mhen i. Fydda i ddim yn gwybod ar unwaith a fyddan nhw'n sôn amdana i y tu ôl i 'nghefn i. Ond bydda i'n poeni am y peth ac yn y pen draw bydda i'n dod i wybod eu bod nhw am gael gwared ohono i o'r tîm.

Pa mor gryf yw fy nghred bod fy rhagfynegiad yn gywir (0–100%)? 50%

Beth fydd fy sgôr SUDS? 5

Pa ymddygiadau osgoi neu ddiogelwch bydda i eisiau eu gwneud efallai? Meddwl am adael yr ymarfer; peidio â mynd am y bêl bob cyfle posib.

Pa mor hyderus ydw i'n teimlo y galla i amlygu heb wneud ymddygiadau osgoi neu ddiogelwch?
Uchel? Canolig? Isel? Uchel

Ar gyfer fy amlygiad cyntaf i dargedu fframwaith fy ofn, mae angen i fi weld beth sy'n digwydd pan dydw i ddim yn defnyddio'r ymddygiad diogelwch o chwarae'n ofalus iawn.

Dwi wedi bod yn meddwl am beth yn union dwi'n fodlon ei wneud ar gyfer yr amlygiad. Pan dwi'n chwarae'n ofalus iawn, dydw i ddim yn ymosodol iawn. Os yw merch arall yn nes at y bêl, dwi'n gadael iddi gael y bêl. Os yw merch yn rhedeg tuag ata i pan mae'r bêl gen i, dwi'n ildio'n syth. A dydw i byth, byth yn penio'r bêl.

Pan o'n i'n meddwl am beidio â gwneud dim un o'r ymddygiadau diogelwch hyn, roedd yn swnio'n ormod i fi. Byddai gan hynny sgôr SUDS o 6 o leiaf. Felly penderfynais i ganolbwyntio ar gyrraedd y bêl yn gynt. Pan fydd gen i gyfle i gael y bêl, fydda i ddim yn chwarae'n ofalus. Bydda i'n fwy ymosodol. Er hynny, bydda'i i'n dal i beidio â phenio'r bêl.

Rydyn ni'n ymarfer am 45 munud ddwywaith yr

wythnos. Felly roedd dewis amser a lle a hyd yr amlygu yn hawdd i fi.

Os ydw i'n gwneud yr amlygiad yma, dwi wir yn meddwl y bydd y merched yn sylweddoli 'mod i'n anobeithiol ac eisiau fi allan o'r tîm. Dyna fy rhagfynegiad i. Dwi'n gwybod ei fod yn seiliedig ar ofn, ond dwi'n fodlon ei roi ar brawf. Dwi'n falch bod y broses CBT yn fy ngwthio i fod yn wrthrychol. Fel arfer, petaet ti'n gofyn i fi sut dwi'n gwybod bod y merched eisiau fi allan o'r tîm, byddwn i'n dweud rhywbeth fel, "mae'n amlwg" neu "dwi jest yn gwybod". Ond nawr dwi'n mynd i chwilio am dystiolaeth go iawn. Bydda i'n gwybod os ydyn nhw eisiau fi allan o'r tîm os ydyn nhw'n dweud wrtha i.

Dwi 50 y cant yn sicr y bydd fy rhagfynegiad yn digwydd. Dwi'n amau bod y 50 y cant arall yn credu efallai na fyddai'n digwydd hyd yn oed os ydw i'n dechrau teimlo'n orbryderus ac yn gwneud camgymeriadau.

Fy sgôr SUDS gwreiddiol ar gyfer gris cyntaf fy ysgol oedd 4. Ond ar ôl meddwl am y manylion i gyd, fe wnes i ei godi i 5. Er hynny, dwi'n hynod hyderus y galla i wneud hyn.

CWESTIYNAU CYFFREDIN

C: *Beth os yw plant eraill yn dod i wybod 'mod i'n cynllunio arbrofion amlygu? Fyddan nhw'n meddwl 'mod i hyd yn oed yn fwy od?*

A: Mae ymennydd rhywun sydd â gorbryder cymdeithasol yn cael ei baratoi i ganolbwyntio ar ofnau o gael ei feirniadu a'i wawdio gan eraill, felly dyw'r cwestiwn hwn ddim yn fy synnu. Wrth gwrs, does gen ti ddim rheswm i ddweud wrth neb dy fod ti'n gweithio ar dy orbryder cymdeithasol. Galli di ei gadw i ti dy hun neu ei rannu ag aelodau o dy deulu yn unig.

Wedi dweud hynny, dwyt ti ddim ar dy ben dy hun. Gyda chymaint â 10 y cant o bobl ifanc yn eu harddegau yn profi gorbryder cymdeithasol, dwi'n credu ei bod hi'n deg dweud bod gorbryder yn rhan naturiol o fywyd yn ein byd heriol. Mae'n rhaid i ti ddal ati i gael graddau da a pharatoi ar gyfer profion ac arholiadau, rwyt ti eisiau cael ffrindiau a chariad, ac yn y blaen. Mae'r rhain i gyd yn gallu sbarduno gorbryder. Fentra i fod o leiaf un ffrind wedi dweud wrthot ti bod gorbryder arno fe hefyd. Does dim angen teimlo embaras na chywilydd o gwbl bod angen gallu siarad yn agored arnat ti am sut rwyt ti'n teimlo. Hefyd, does dim byd cywilyddus am amlygu. Os yw plentyn arall yn dod i wybod dy fod ti'n amlygu, bydd fwy na thebyg yn meddwl dy fod ti'n cŵl am fod yn ddewr a mynd i'r afael â'r mater. Efallai y bydd e eisiau dysgu sut i'w wneud, hyd yn oed!

C: *Mae'n anodd i fi feddwl am dystiolaeth wrthrychol. Dwi'n poeni bod plant eraill yn meddwl 'mod i'n boen ac yn ddiflas. Ond dydw i ddim yn byw yn eu pennau nhw. Sut galla i wybod beth yw eu barn nhw go iawn?*

A: Ti'n iawn. Mae'n amhosib i neb ohonon ni wybod i sicrwydd beth yw barn rhywun arall amdanon ni. Gan nad ydyn ni'n gallu gwybod, mae credu bod *rhaid* i ni wybod yn ein paratoi i fethu. Yn hytrach, galli di ddatblygu'r gallu i oddef peidio â gwybod yn iawn. Dyna ble mae tystiolaeth wrthrychol yn werthfawr. Efallai na fydd yn rhoi sicrwydd i ti, ond mae'n rhoi gwybodaeth werthfawr i ti.

Dwi'n awgrymu dy fod ti'n chwilio am ddata sy'n nodi bod eraill yn meddwl dy fod ti'n iawn. Er enghraifft, sylwa pan fydd plant yn mân siarad, yn eistedd wrth dy ymyl yn y dosbarth, yn gofyn am dy farn, yn dweud "haia" yn ystod yr egwyl, ac yn y blaen. Os yw plentyn yn dweud wrthot ti'n uniongyrchol dy fod ti'n boen, mae hynny'n dystiolaeth wrthrychol o dy ofn. Os yw plant yn dy anwybyddu di pan fyddi di'n dweud rhywbeth (gwna'n siŵr dy fod ti wedi siarad yn ddigon uchel iddyn nhw allu dy glywed di), mae hynny'n dystiolaeth wrthrychol. Neu os yw plant yn cerdded i ffwrdd pan wyt ti'n dweud rhywbeth, mae hynny'n dystiolaeth wrthrychol. Dibynna ar hynny, nid ar beth sy'n digwydd yn dy ddychymyg.

C: *Beth os nad ydw i'n teimlo'n hyderus y galla i wneud unrhyw un o'r dulliau amlygu dwi wedi'u cynllunio?*

A: Yn gyntaf, meddylia a wyt ti wedi rhoi gormod o waith i ti dy hun. Gwna sgôr SUDS ac, os oes angen, addasa'r amlygiad fel ei fod ychydig yn llai heriol.

Mae rhai pobl yn credu y bydd gwybod bod eu hofnau'n afresymol yn gwneud eu hamlygu'n haws. Ond i'r rhan fwyaf o bobl, dyw e ddim yn gweithio felly. Efallai dy fod ti'n meddwl, *galla i wneud hyn! Dyw fy ofnau i ddim yn mynd i ddigwydd, yn bendant.* Ond wedyn mae dy emosiynau yn dy synnu di. Pan fyddi di'n nesáu at y sefyllfa sbardun mewn gwirionedd, dwyt ti ddim yn teimlo mor hyderus ag roeddet ti pan oeddet ti'n meddwl am y peth yn unig. Rwyt ti'n colli'r gallu i feddwl yn wrthrychol dros dro, sy'n gwneud mynd amdani yn anoddach.

Os bydd hyn yn digwydd a dy fod ti'n colli hyder, rho gynnig ar gyfres o weithredoedd amlygu dychmygol cyn ymrwymo i'r amlygu *in vivo*. Gorau oll po fwyaf o amlygu y galli di ei wneud. Ac mae amlygu dychmygol yn hynod effeithiol.

PENNOD 9

Cynnal arbrawf amlygu

Ar eich marciau, barod, ewch! Rwyt ti nawr yn barod i amlygu am y tro cyntaf. Byddi di'n gweithredu dy gynllun o'r bennod ddiwetha. Beth fydd yr amlygiad? Dyma ambell enghraifft:

- efallai y byddi di'n dweud "haia" bob bore wrth ddau ddisgybl dwyt ti ddim fel arfer yn siarad â nhw
- efallai y byddi di'n codi dy law unwaith ym mhob dosbarth Saesneg
- efallai y byddi di'n mynd gyda ffrind i barti
- efallai y byddi di'n gwneud cyswllt llygad â phlant wrth i ti gerdded rhwng dosbarthiadau
- efallai y byddi di'n defnyddio toiled cyhoeddus mewn siop neu yn yr ysgol
- efallai y byddi di'n aros yn y gegin a ddim yn mynd i dy ystafell pan fydd ffrind gorau dy frawd yn galw
- efallai na fyddi di'n edrych ar dy ffôn yn ystod egwyl.

Dim ond rhai enghreifftiau yw'r rhain. Dyw'r peth penodol rwyt ti'n dewis ei wneud ddim o reidrwydd ar y rhestr hon. Ond bydd yn adlewyrchu'r hyn rwyt ti eisoes wedi'i ddysgu am y sefyllfaoedd sbardun sy'n sbarduno dy orbryder cymdeithasol. Bydd dy arbrawf amlygu yn unigryw i ti, a byddi di'n cytuno iddo'n gwbl wirfoddol.

CYNHESU GYDAG AMLYGU DYCHMYGOL

Ym mhennod 6, fe ddysgaist ti am amlygu dychmygol fel cam i baratoi ar gyfer amlygu *in vivo* (bywyd go iawn). Fe wnest ti roi cynnig ar amlygu dychmygol ar gyfer rhywbeth oedd heb gysylltiad â gorbryder cymdeithasol – fel neidr yn mynd i fyny dy goes – a gobeithio dy fod wedi teimlo sut y gallai hyn fod yn help i ti.

Mae amlygu dychmygol yn effeithiol oherwydd ei fod yn rhoi cyfle i dy ymennydd di ddod yn gyfarwydd â'r teimladau brawychus rwyt ti'n eu cael. Trwy wneud hyn, gall dy ofnau golli rhywfaint o'u grym cyn i ti ddechrau amlygu *in vivo*. Bydd hyn yn dy helpu hefyd i ddysgu dy fod ti'n gallu goddef o leiaf ddim ond meddwl am y canlyniadau rwyt ti'n eu rhagweld os wyt ti mewn sefyllfa sbardun.

Meddylia am yr amlygu dychmygol rwyt ti'n ei wneud i baratoi, fel ymarfer llawn. Does dim rhaid i ti ymarfer o gwbl os wyt ti'n barod am amlygu *in vivo*. Dyw e ddim yn gam angenrheidiol ar gyfer pob gris ar dy ysgol amlygu. Serch hynny, dyma rai rhesymau y gallet ti fod eisiau cynnwys y cam hwn:

- mae dy sgôr SUDS ar gyfer yr amlygu hwn ychydig yn uwch na'r hyn rwyt ti'n gyfforddus ag e
- rwyt ti ychydig yn betrusgar ar y cyfan i ddechrau amlygu *in vivo*
- mae gen ti ddychymyg da ac rwyt ti'n gallu dychmygu pethau'n hawdd
- dyw'r sefyllfa sbardun ar gyfer dy amlygu ddim yn digwydd bob dydd.

Hyd yn oed os wyt ti'n penderfynu yn erbyn amlygu dychmygol nawr, mae'n bwysig i ti ddarllen yr adran hon. Mae'n cynnwys gwybodaeth nad yw'n cael ei hailadrodd mewn mannau eraill.

Gad i ni weld sut aeth Diya ati i ddechrau'r broses, ac yna fe gei di ambell awgrym ar gyfer dy amlygu dychmygol dy hun.

Adroddiad Diya

Sefyllfa sbardun Diya yw bod yng nghwmni plant dyw hi ddim yn eu hadnabod yn dda a bod angen iddi fân siarad. Ei phrif ymddygiad diogelwch ar gyfer y sefyllfa honno yw defnyddio ei ffrind gorau Ellen fel amddiffynfa. Mae hi'n tecstio Ellen cyn pob egwyl ac amser cinio, a hyd yn oed rhwng dosbarthiadau, i wneud yn siŵr eu bod nhw'n gallu bod gyda'i gilydd. Os nad yw Ellen o gwmpas, mae Diya yn osgoi neu'n ffoi o unrhyw sefyllfa a allai arwain at yr angen i siarad â phlant dyw hi ddim yn eu hadnabod yn dda.

Y gris cyntaf ar ysgol amlygu Diya yw mynd i egwyl y bore heb decstio Ellen yn gyntaf. Ei chynllun ar gyfer yr amlygu hwn yw treulio pum munud o'r egwyl ger y meinciau o dan y dderwen. Ei rhagfynegiad yw na fydd hi'n gwybod beth i'w ddweud neu y bydd hi'n dweud rhywbeth twp pan fydd hi yno heb ei ffrind gorau. Y naill ffordd neu'r llall, bydd plant eraill yn meddwl ei bod hi'n ddiwerth. Dyma ei hadroddiad ar amlygu dychmygol ar gyfer y sefyllfa hon.

Roedd mynd i egwyl y bore ar fy mhen fy hun heb decstio Ellen yn swnio'n rhy frawychus ar gyfer fy amlygu *in vivo* cyntaf. Felly penderfynais ei wneud yn ddychmygol yn gyntaf. Sgôr SUDS o ddim ond 3 sydd i hynny, o'i gymharu â 5 am ei wneud go iawn yn yr ysgol.

Fe wnes i'r amlygu dychmygol ar fy mhen fy hun yn fy ystafell, fel na fyddai neb yn tarfu arna i. Dechreuais i drwy ddychmygu fy hun yn cerdded o fy locer at y meinciau. Roedd gwneud hynny heb fy ffrind gorau yn rhoi sgôr SUDS o 1 i fi. Wrth ddychmygu cerdded heibio'r plant i gyd, aeth fy SUDS i fyny mymryn.

Hyd yn oed wrth gerdded at y meinciau yn fy meddwl, roeddwn i eisiau gwybod ar unwaith ble'r oedd Ellen. Ro'n i eisiau chwilio amdani oherwydd doeddwn i ddim yn gallu anfon tecst ati hi. Dwi'n gwybod bod chwilio amdani yn ymddygiad diogelwch, felly wnes i mo hynny. Yn fy meddwl, daliais ati i gerdded. Wnes i ddim dychmygu siarad â neb wrth fynd at y meinciau.

Pan gyrhaeddais y meinciau, sylweddolais y byddai dewis ble i eistedd yn benderfyniad enfawr heb Ellen yno i eistedd gyda hi. Dychmygais eistedd mewn man agored heb fod reit wrth ymyl neb. Fe wnaeth hynny i fy sgôr SUDS godi i 3. Dychmygais i fwy o blant yn ymgynnull, yn tynnu coes, a chwerthin. Eisteddais i yno a dychmygu fy hun yn bwyta'r byrbryd oedd gen i, yn teimlo'n anghyfforddus.

Cyn gynted ag yr oeddwn i'n meddwl bod y pum munud ar gyfer yr amlygu drosodd, dychmygais fy hun yn codi o'r fainc. Yr eiliad ro'n i ar fy ffordd yn ôl i fy locer, hyd yn oed yn fy nychymyg, aeth fy sgôr SUDS yn ôl i lawr i 1.

Doedd yr amlygu hynny ddim cynddrwg ag yr o'n i wedi'i ofni. Ches i ddim sgôr SUDS o fwy na 3 o gwbl. Ro'n i'n teimlo'n fwy cyfforddus na'r disgwyl.

Wnaeth hi ddim cymryd yn hir iawn i fi ddychmygu beth fyddai'n digwydd yn ystod pum munud o amlygu. Felly gwnes i hyn ddwywaith eto. Bob tro, wnes i ddim dychmygu siarad ag unrhyw blant. Ar ôl i hynny ddechrau teimlo'n hawdd, gwnes i'r amlygu ychydig yn anoddach. Ar gyfer amlygu am y pedwerydd tro, dychmygais i eistedd wrth ymyl Karen – dwi'n rhyw fath o'i hadnabod hi ac mae i'w gweld yn ferch neis. Dychmygais hi'n dweud "haia" a finnau'n dweud "haia" yn ôl wrthi. Gwnaeth y ddwy ohonon ni fwyta ein byrbryd a gwylio pawb yn mwynhau. Ro'n i'n poeni braidd y byddai hi'n ceisio mân siarad â fi, ond gan ei bod hi'n swil fel fi, ro'n i'n ddigon cyfforddus. Wedyn, dywedais i ei bod yn rhaid i fi fynd i Saesneg, a dywedais hwyl fawr.

Fe wnes i amlygu dychmygol ddeg gwaith i gyd. Ro'n i'n cyflymu bob tro. Dim ond pum munud roedd yr holl beth yn ei gymryd. Nawr dwi'n fwy hyderus am amlygu *in vivo* am y tro cyntaf. Mae fy sgôr SUDS ar gyfer hynny wedi dod i lawr i 4. Dwi'n barod!

Awgrymiadau ar gyfer amlygu dychmygol

Chwilia am fan lle na fydd neb yn tarfu arnat ti. Byddi di'n amlygu fel hyn yn dy feddwl dy hun, fel petaet ti yn y sefyllfa go iawn. Felly mae eisiau lle tawel arnat ti lle rwyt ti'n gallu eistedd ar dy ben dy hun am ryw ddeng munud.

Dychmyga dy fod yn y sefyllfa sbardun a dy fod ti heb wneud unrhyw ymddygiadau osgoi neu ddiogelwch. Yn llygad dy feddwl, dychmyga'r lleoliad a'r person neu'r bobl yn dy sefyllfa sbardun. Defnyddia gynifer o dy bum synnwyr (gweld, arogli, clywed, blasu, a chyffwrdd) ag y galli di i ddychmygu bod yno yn glir. Beth rwyt ti'n ei glywed? Ydy pobl yn siarad? Oes yna sŵn cefndir? Wyt ti'n teimlo gwres yr haul neu naws oer diwrnod mwyn? Rho sylw i'r profiad llawn, gan gynnwys unrhyw demtasiwn rwyt ti'n ei deimlo i ddefnyddio ymddygiad osgoi neu ddiogelwch.

Dychmyga'r canlyniad rwyt ti'n ei ofni. Os yw dy sefyllfa sbardun yn cynnwys digwyddiad penodol – er enghraifft, rhywbeth mae rhywun arall yn ei ddweud neu yn ei wneud, neu rywbeth y byddet ti'n ei ddweud neu yn ei wneud – dychmyga fod hynny'n digwydd. Dychmyga fod pa ganlyniad bynnag rwyt ti'n ei ofni fydd yn digwydd, yn digwydd go iawn.

Ydw, dwi eisiau i ti ddychmygu'r hyn rwyt ti'n ei ofni fwyaf: plant yn chwerthin am dy ben di, yn dy wawdio di, yn dy anwybyddu di, yn siarad tu ôl i dy gefn di. Dewisa'r senario gwaethaf posib. Gofynna i ti dy hun: *Beth rydw i'n ei feddwl? Pa emosiynau dwi'n eu teimlo? Pa synwyriadau corfforol dwi'n eu teimlo? Ydy 'nghalon i'n rasio? Ydw i'n chwysu? Crynu? Anadlu'n gyflym?* Os wyt ti'n ofni y byddi di'n cael unrhyw un o'r synwyriadau hyn wrth fod yn y sefyllfa sbardun, dychmyga nhw'n digwydd i ti nawr.

Cadwa sgôr SUDS drwy'r amser. Os wyt ti'n poeni am dy orbryder yn cynyddu, atgoffa dy hun fod hynny'n debygol o ddigwydd ar y dechrau, ac mae'n beth da! Oherwydd os nad yw amlygiad yn cael sgôr SUDS uwch, fydd e ddim yn ddefnyddiol. Os wyt ti'n dechrau dychmygu gwneud ymddygiad osgoi neu ddiogelwch i ostwng dy sgôr SUDS, paid. Dychmyga dy fod yn bwrw ymlaen â dy addewid i dy hun i *roi'r gorau i wneud yr ymddygiadau hynny*. Dal ati!

Defnyddia hwn fel ymarfer. Fydd dim angen i ti gwblhau'r Taflenni Gwaith cyn yr Arbrawf ac ar ôl yr Arbrawf ar gyfer amlygu dychmygol. Byddi di'n defnyddio sgoriau SUDS, ond fyddi di ddim yn defnyddio sgoriau BIP nac yn asesu canlyniadau dy ragfynegiad yn ffurfiol – mae hynny'n dod nesaf, wrth i ti amlygu *in vivo* am y tro cyntaf.

CYNNAL DY ARBRAWF AMLYGU

Rwyt ti nawr yn barod amdani. Fel athletwr, rwyt ti wedi gwneud yr holl ymarfer angenrheidiol, ac mae'n bryd rhoi cynnig arni!

Wrth gynllunio dy arbrawf amlygu yn y bennod ddiwetha, fe wnest ti restr o'r holl bethau mae'n rhaid i ti eu gwneud i'w gynnal. Ac fe wnest ti eu hymarfer nhw drwy amlygu dychmygol. Er hynny, mae'n syniad da adolygu dy gynllun nawr, cyn i ti fynd ati.

Erbyn hyn, dylet ti fod yn gyfarwydd iawn â'r Daflen Waith cyn yr Arbrawf o'r bennod ddiwetha. Efallai y byddi di am wneud newidiadau bach i dy daflen waith, yn seiliedig ar dy brofiad gydag amlygu dychmygol. Er enghraifft, dysgodd Diya yn ystod ei hamlygu dychmygol fod ble'r oedd hi'n eistedd wedi gwneud gwahaniaeth i ba mor anodd roedd yr amlygu. Felly bydd hi'n ystyried effeithiau eistedd wrth ymyl gwahanol blant wrth amlygu yn y dyfodol.

Hefyd, gwiria dy sgôr SUDS eto. Efallai y bydd wedi gostwng ar ôl gwneud yr amlygu dychmygol. Hefyd edrycha eto ar dy ragfynegiad, canran dy gred yn dy ragfynegiad, a lefel dy hyder. Dylai'r rhain i gyd adlewyrchu'r hyn rwyt ti'n ei deimlo nawr. Efallai fod dy gredoau a dy sgoriau SUDS wedi dechrau newid yn barod!

Amlygiad cyntaf Diya

Edrycha ar Daflen Waith cyn yr Arbrawf Diya, yna darllena am ei harbrawf hi.

Beth dwi'n bwriadu ei wneud: Cerdded ar fy mhen fy hun o fy locer at y meinciau, eistedd, a bwyta fy myrbryd.

Beth rydw i'n poeni fydd yn digwydd fwyaf? Fydd Ellen ddim o gwmpas a bydda i ar fy mhen fy hun gyda disgyblion dydw i ddim yn eu hadnabod. Bydd rhywun yn dechrau mân siarad a fydda i ddim yn gwybod beth i'w ddweud. Bydda i'n dweud rhywbeth y byddan nhw'n meddwl sy'n pathetig.

Sut bydda i'n gwybod bod hyn wedi digwydd? Bydda i'n gweld pawb yn syllu arna i. Fydda i ddim yn gallu dweud dim byd. Neu bydda i'n dweud rhywbeth, a bydd pawb yn chwerthin ar fy mhen i.

Pa mor gryf yw fy nghred bod fy rhagfynegiad yn gywir (0–100%)? 60%

Beth fydd fy sgôr SUDS? 4

Pa ymddygiadau diogelwch neu osgoi bydda i eisiau eu gwneud efallai? Tecstio Ellen. Chwilio amdani cyn i fi fynd at y meinciau. Gadael y meinciau a mynd at fy locer.

Pa mor hyderus ydw i y galla i amlygu heb wneud ymddygiadau osgoi neu ddiogelwch?
Uchel? Canolig? Isel? Uchel

Ar ôl fy amlygu dychmygol, fe wnes i'r un peth mewn bywyd go iawn. Dechreuais fy amlygu ar ddiwedd dosbarth Geometreg, pan fyddwn ni'n cael egwyl y bore.

Ar unwaith, wrth i fi godi fy ffôn, ro'n i eisiau tecstio Ellen. Roedd yn teimlo'n rhyfedd i beidio â gwneud hynny. Ro'n i hyd yn oed yn poeni y gallai feddwl bod rhywbeth o'i le arna i oherwydd 'mod i bob amser yn ei thecstio hi. Roedd gen i sgôr SUDS o 4, dim ond drwy wybod 'mod i'n methu dibynnu ar Ellen i fod gyda fi heddiw. Ond ro'n i hefyd yn gwybod mai dyna oedd pwynt yr amlygu. Ro'n i eisiau profi fy rhagfynegiad y bydd plant eraill yn meddwl 'mod i'n dda i ddim os ydw i ar fy mhen fy hun ac yn dweud pethau twp. Roedd fy BIP yn 60 y cant. Ro'n i'n credu bod fy rhagfynegiad fwy na thebyg yn gywir. Sy'n iawn: ro'n i'n mynd i allu ymdopi.

Fy nghynllun oedd amlygu am bum munud. Cyn gynted ag i fi adael y dosbarth, fe es i i nôl fy myrbryd o fy locer. Fe gymerodd ddwy funud i gerdded i'r meinciau wrth y goeden dderw. Wrth i fi gerdded, roedd fy meddyliau ar ras, yn meddwl a fyddai neb wrth y meinciau yn trio sgwrsio â fi. Wnaeth neb drio siarad â fi wrth i fi gerdded ar fy mhen fy hun. Fe wnaeth hynna fy synnu ac roedd yn rhyddhad hefyd. Roedd fy sgôr SUDS yn 3 wrth i fi gerdded. Ro'n i'n chwysu wrth boeni beth fyddai'n digwydd wrth y meinciau.

Roedd temtasiwn mawr i decstio Ellen wedi'r cyfan. Ro'n i'n meddwl, os na fyddwn i'n gofyn iddi gwrdd â fi, dim ond tecstio i ddweud 'mod i wrth y meinciau, na fyddai hynny'n cyfrif fel ymddygiad diogelwch. Ond ro'n i'n gwybod mai twyllo fy hun fyddai hynny. Yn y pen draw, wnes i ddim ei thecstio hi.

Pan gyrhaeddais i'r meinciau, ro'n i'n falch 'mod i wedi amlygu'n ddychmygol. Roedd hynny wedi rhoi cyfle ymlaen llaw i fi feddwl ble i eistedd pan doedd Ellen ddim gyda fi. Yn ffodus, roedd sawl sedd wag. Fe eisteddais i ar ben pellaf y fainc, ger y dderwen. Roedd un bachgen yn eistedd y pen arall. Doedd e ddim i'w weld wedi sylwi arna i.

Wrth i fi ddechrau bwyta fy myrbryd, daeth ychydig mwy o ddisgyblion draw. Doedd neb fel petai'n malio 'mod i yno. Felly fe wnes i ymlacio ychydig bach. Roedd fy sgôr SUDS yn 3. Roedd amser fel petai'n llusgo'n arafach nag yn fy amlygu dychmygol. Er hynny, wnaeth y disgyblion eraill ddim edrych arna i o gwbl, mewn gwirionedd. Gan eu bod nhw'n fy anwybyddu, doeddwn i ddim yn teimlo bod angen rhuthro oddi yno. Fe arhosodd fy sgôr SUDS tua 3 am ychydig. Aeth hyd yn oed i lawr i 1 ddwywaith. Roedd hynny'n fy synnu, oherwydd ro'n i'n meddwl y byddwn i'n anghyfforddus iawn drwy gydol yr amlygu.

Dwi'n bwriadu amlygu fel hyn eto fory. Galla i ei wneud ddwywaith – yn ystod egwyl y bore ac yn ystod egwyl y prynhawn. Ar sail heddiw, mae fy sgôr SUDS wedi mynd o 4 i 3 ar gyfer y sefyllfa sbardun hon. Dwi'n meddwl y galla i drechu hyn.

Ar ôl i Diya wneud ei hamlygiad cyntaf, cwblhaodd hi Daflen Waith ar ôl yr Arbrawf.

A ddigwyddodd yr hyn ro'n ei ofni fwyaf fyddai'n digwydd? Naddo.

Beth ddigwyddodd? Oeddwn i'n synnu? Ro'n i'n pryderu fwyaf am gerdded o fy locer at y meinciau. Ond pan eisteddais i, ddigwyddodd dim byd drwg. Wnaeth neb siarad â fi. Wnaethon nhw jest dal ati i wneud beth bynnag roedden nhw'n ei wneud. Ro'n i'n synnu 'mod i ddim yn teimlo'n od a doedd y plant eraill ddim yn edrych arna i fel 'mod i'n ddiwerth. Roedd ambell blentyn arall yn eistedd yno ar ei ben ei hun gydol y cyfnod ro'n i yno, neu am beth o'r amser, yn gwneud pethau gwahanol.

Pa mor gryf yw fy nghred bod fy rhagfynegiad yn gywir (0–100%)? 10%

Beth oedd fy sgôr SUDS go iawn? 3

Beth ddysgais i? Roedd yn union fel gyda fy amlygu dychmygol - sylweddolais i nad yw'r disgyblion eraill yn poeni beth dwi'n ei wneud. Maen nhw'n dod at ei gilydd gyda'u ffrindiau arferol. Dysgais i na fyddai'r hyn ro'n i'n poeni fyddai'n digwydd yn digwydd, a bod fy meddwl i'n gwneud hynny i fi'n aml.

BETH DDYSGAIST TI?

Fel y gweli di, wnaeth yr hyn roedd Diya yn poeni fwyaf fyddai'n digwydd ddim digwydd mewn gwirionedd. Fe wnaeth hi arbrawf gwyddonol a chafodd ganlyniad seiliedig ar ddata. Roedd ei rhagfynegiad yn anghywir: aeth ei sgôr BIP o 60 y cant i lawr i 10 y cant. Hynny yw, doedd hi ddim yn credu'n gryf bellach yn ei rhagfynegiad seiliedig ar ofn ar gyfer y sefyllfa sbardun, sef bod yng nghwmni disgyblion dyw hi ddim yn eu hadnabod yn dda.

Roedd Diya wedi rhagweld y byddai disgyblion eraill eisiau sgwrsio â hi ac y byddai'n mynd mor orbryderus, byddai'n dweud rhywbeth pathetig yng ngolwg y disgyblion eraill. Wnaeth hynny ddim digwydd. A dweud y gwir, dysgodd fod disgyblion eraill ar y cyfan yn mynd o gwmpas eu pethau heb dalu fawr o sylw iddi. Roedd hi'n synnu cymaint yn haws a mwy naturiol roedd bod yn y sefyllfa honno'n teimlo nag roedd hi wedi'i ddisgwyl. Dysgodd hefyd nad yw'r hyn y mae ei meddwl yn dweud wrthi fydd yn digwydd bob amser yn digwydd, a'i bod yn gallu bod yn rhy barod i gredu'r mathau hyn o wallau meddwl. Bydd hi'n mynd â'r wybodaeth newydd hon i'w hamlygu yn y dyfodol a hefyd i'w bywyd pob dydd.

Nod amlygu bob tro yw dysgu rhywbeth newydd i ti. Felly, cam olaf pob arbrawf amlygu rwyt ti'n ei gynnal yw cofnodi dy ganlyniadau. Llenwa Daflen Waith ar ôl yr Amlygu cyn gynted ag y galli di ar ôl i ti amlygu am y tro cyntaf. Cer i http://www.newharbinger.com/47056 a lawrlwytha ac argraffa'r ffurflen (yn Saesneg yn unig), neu copïa'r cwestiynau ar daflen waith yn dy lyfr nodiadau neu ffôn.

Does dim rhaid i ti lenwi taflenni gwaith ar wahân ar gyfer pob amlygiad ar wahân. Byddi di'n aml yn amlygu fwy nag unwaith mewn diwrnod. Felly fyddai gwneud taflen waith ar gyfer pob un ohonyn nhw ddim yn realistig. Ond galli di ddiweddaru'r atebion ar y daflen waith wrth i ti amlygu rhagor ac wrth i dy atebion newid.

Cofia dy fod wedi bod yn dilyn y dull gwyddonol. Rwyt ti wedi gwneud rhagfynegiad, ac yna wedi casglu tystiolaeth wrthrychol i weld a yw dy ragfynegiad yn gywir. Rwyt ti bellach mewn sefyllfa i werthuso a oedd dy ragfynegiad seiliedig ar ofn yn gywir. Er mwyn gwerthuso dy ragfynegiad, cymhara dy atebion ar y taflenni gwaith cyn yr amlygu ac ar ei ôl. Mae'r cwestiwn cyntaf ar y Daflen Waith ar ôl yr Amlygu yn gofyn i ti'n blwmp ac yn blaen a ddigwyddodd yr hyn roeddet ti wedi rhagweld y byddai'n digwydd. Hyd yn oed os mai naddo, ddigwyddodd e ddim, yw dy ateb, cymer amser i gymharu'r ddwy daflen waith yn fanylach. A ddigwyddodd yr hyn roeddet ti'n poeni fwyaf fyddai'n digwydd mewn gwirionedd? Oedd e cynddrwg ag roeddet ti wedi'i ragweld? Oedd modd i ti allu goddef dy orbryder yn haws na'r disgwyl? Wnaeth dy syniadau am y sefyllfa newid? Bydd ystyried y cwestiynau hyn yn ofalus yn helpu i atgyfnerthu'r dysgu newydd yn dy ymennydd.

Mae'n bwysig rhoi sylw manwl i'r cam hwn. Cofia, mae pobl â gorbryder cymdeithasol yn tueddu i orbwysleisio'r canlyniadau negyddol a pheidio â rhoi sylw digonol i'r rhai cadarnhaol. Os yw dy ymennydd, heb unrhyw fai arnat ti, yn gwneud hyn drosodd a throsodd mewn sefyllfaoedd cymdeithasol, rwyt ti'n ei hyfforddi i gofio'r pethau drwg ac anwybyddu'r pethau da. Yn hytrach, drwy blannu'r gwersi newydd hyn yn dy ymennydd, rwyt ti'n cynyddu'r tebygolrwydd y tro nesaf y byddi di mewn sefyllfa debyg, y byddi di'n cofio bod pethau'n iawn. Fydd dy ymennydd ddim yn neidio i ganlyniadau negyddol annhebygol, fel yr oedd arfer gwneud.

Gall gweld mewn du a gwyn y gwahaniaeth rhwng dy ragfynegiad seiliedig ar ofn a'r hyn a ddigwyddodd mewn gwirionedd, hefyd fod yn anogol iawn ar gyfer amlygu yn y dyfodol. Yn y bennod nesaf, byddi di'n ystyried a wyt ti wedi dysgu digon o'r amlygu rwyt ti wedi'i wneud i allu symud ymlaen i'r gris nesaf ar dy ysgol amlygu.

CWESTIYNAU CYFFREDIN

C: *Dwi wedi amlygu ambell waith, ond dydw i ddim yn teimlo damaid yn well am fy sefyllfaoedd sbardun. Faint yn rhagor o amlygu mae'n rhaid i fi ei wneud?*

A: Fel arfer, mae angen ymarfer amlygu sawl gwaith er mwyn i dy ymennydd ddysgu. Ond mae hyn yn amrywio o'r naill i'r llall. Does dim angen llawer iawn o amlygu ar rai, ond mae angen mwy ar eraill. Os wyt ti wedi gwneud llawer o amlygu a heb deimlo llai o orbryder yn y sefyllfa sbardun, gallai sawl peth fod yn digwydd. Un yw dy fod ti'n gwneud ymddygiad osgoi neu ddiogelwch wrth amlygu. Y llall yw nad wyt ti wedi amlygu digon eto.

Edrycha ar yr ymddygiadau osgoi a diogelwch i ti eu rhestru ar dy Daflen Waith cyn yr Arbrawf, yn enwedig y rhai y *gallet ti gael dy demtio i'w gwneud*. A wnest ti unrhyw un o'r rheiny, hyd yn oed heb sylweddoli?

Hefyd, meddylia am ymddygiadau osgoi a diogelwch eraill rwyt ti fel arfer yn eu gwneud ond efallai rwyt heb eu cynnwys ar dy daflen waith. Wnest ti unrhyw un o'r ymddygiadau hyn heb sylweddoli? Yn aml, mae pobl yn meddwl am ymddygiadau osgoi neu ddiogelwch newydd pan fyddan nhw'n teimlo dan bwysau. Wyt ti wedi newid un ymddygiad osgoi neu ddiogelwch am un arall? Os felly, bydd angen i ti gywiro hynny a rhoi'r gorau i'r ymddygiad newydd hefyd. Os wyt ti'n methu meddwl am unrhyw ymddygiad a allai fod yn amharu ar dy amlygu, mae angen i ti wneud mwy o amlygu.

C: *Beth os nad ydw i'n teimlo'n hyderus iawn y galla i gwblhau'r amlygu dwi wedi'i gynllunio?*

A: Os yw lefel dy hyder yn isel neu'n ganolig, dwi'n awgrymu gwneud mwy o amlygu dychmygol. Amlyga dy hun i rywbeth hanner cant o weithiau ac yna gwerthusa lefel dy hyder eto. Bydd hynny'n gweithio. Ond os oes gen ti ddiffyg hyder o hyd, galli di roi cynnig ar wneud yr amlygu dychmygol yn y man lle mae'r sefyllfa sbardun yn digwydd. Er enghraifft, gallai Diya gerdded o'i locer i'r meinciau pan does neb o gwmpas (er enghraifft, ar ôl ysgol) a dychmygu eu bod nhw yno. Neu galli di wneud yr amlygiad rwyt ti wedi'i gynllunio'n haws trwy ei rannu'n is-sefyllfaoedd.

PENNOD 10

Gwneud yn fawr o dy amlygu

Wyt ti'n cofio Steffie o'r penodau blaenorol? Pan adawon ni hi, roedd hi wedi gorffen ei hamlygiad cyntaf ac yn awyddus i ddringo rhagor o risiau ar ei hysgol. Erbyn hyn mae hi wedi llwyddo i amlygu ar gyfer sawl gris arall, gan gynnwys ar gyfer y sefyllfaoedd sbardun o gerdded o amgylch yr ysgol ac o siarad â phlant nad yw hi'n eu hadnabod yn dda, heb wneud ei hymddygiadau osgoi a diogelwch. Roedd y gris ar gyfer amser cinio yn ymddangos yn rhy hawdd o'i gymharu, ond fe wnaeth hi fe beth bynnag, gan wybod y byddai'n elwa o wneud mwy o ymarfer.

Partïon yw ei her nesaf. Dyna'r sefyllfa sbardun roedd Steffie yn ei hwynebu pan wnaethon ni gwrdd â hi ar y dechrau, a hithau'n tynnu'n ôl o fynd i barti pizza yn nhŷ Elliott. Mae hi nawr wedi cael gwahoddiad i barti pen-blwydd ei ffrind, Lola. Mae hi wedi penderfynu ei ddefnyddio i amlygu. Ond nid dim ond llwyddo gyda'r grisiau blaenorol ar ei hysgol sydd wedi ysbrydoli Steffie i wneud yr amlygiad hwn. Mae hi wedi bod yn gweithio ar ei sgiliau cymdeithasol hefyd. Yn y parti, bydd y sgìl cymdeithasol o ddechrau sgwrs yn golygu y bydd hi'n haws iddi beidio â chymryd rhan yn ei hymddygiad osgoi o aros ar gyrion grwpiau a pheidio â dweud gair. Dyma sut mae hyn yn gweithio iddi.

Pan mae Steffie'n cyrraedd y parti, mae hi'n gweld bod Lola'n brysur gyda rhai o'i ffrindiau. Mae hynny'n rhoi sgôr SUDS o 3 i Steffie ar unwaith. Mae'n ystyried diflannu'n sydyn cyn i neb sylwi. Ond mae'n ei hatgoffa ei hun mai ymddygiad diogelwch yw meddwl am adael. Mae hi'n gwybod bod ei sgôr SUDS yn siŵr o godi, sydd i'w ddisgwyl. Mae hi'n dweud wrthi hi'i hun mai amlygu yw hyn a'i bod hi'n gallu ymdopi. Felly mae hi'n mynd allan i'r patio, lle mae hi'n gweld Elliott. Mae hi'n cerdded ato ac yn dechrau sgwrs.

"Haia. Beth wyt ti'n yfed?"

"Pwnsh ffrwythau," mae'n dweud, gan wenu.

Mae Steffie yn ymlacio ychydig, o weld nad yw Elliott yn ei hanwybyddu. Mae hi'n parhau, "Ydyw e'n ffein?"

"Mae'n anhygoel! Fe glywais i Lola yn dweud mai ei chwaer sydd wedi'i wneud e."

"Ei chwaer fach? Wir?" Mae Steffie yn ymlacio ychydig wrth iddi sylweddoli y gallan nhw drafod rhywbeth mor syml â'r pwnsh. Mae ei hawydd i adael y parti wedi mynd. Mae hi ar ei ffordd, â'r gris newydd hwn ar ei hysgol amlygu.

Yn y bennod hon, byddwn ni'n edrych ar sut galli di fynd ati i ddringo rhagor o risiau ar dy ysgol. Bydda i hefyd yn rhoi ambell awgrym i ti ar gyfer creu'r amlygu mwyaf effeithiol.

Er mai amlygu yw'r dechneg fwyaf defnyddiol i ddelio â gorbryder cymdeithasol, nid dyma'r unig beth y galli di ei wneud. Fel Steffie, galli di adeiladu dy sgiliau cymdeithasol fel ffordd o leihau gorbryder cymdeithasol. Mae ail hanner y bennod hon yn trafod sgiliau cymdeithasol allweddol. Byddwn yn sôn am ddechrau sgyrsiau, mân siarad, newid pwnc, a gwahodd rhywun i wneud rhywbeth gyda ti. Byddwn ni hefyd yn trafod sgiliau pendantrwydd.

DRINGO RHAGOR O RISIAU

Does dim rheol bendant ynglŷn â sawl gwaith y dylet ti amlygu cyn symud ymlaen i'r gris nesaf. Dwi'n awgrymu dy fod ti'n ei wneud digon fel y galli di fod yn y sefyllfa sbardun honno yn gyfforddus heb wneud unrhyw ymddygiadau osgoi neu ddiogelwch o hyn ymlaen. Bydd gweld dy sgoriau SUDS a BIP yn disgyn yn cadarnhau bod hyn yn digwydd, gan ddangos dy fod ti'n dysgu o dy arbrofion amlygu.

Wrth i ti ddod yn fwy cyfforddus mewn sefyllfa benodol, dylet ti newid y cyd-destun rwyt ti'n amlygu ynddo. Er enghraifft, dychmyga mai dy ris presennol yw gwneud cyswllt llygad a dweud "haia" wrth rai o dy gyfoedion. Ar ôl i ti amlygu mewn un lleoliad, galli di roi cynnig arno mewn lleoliadau gwahanol. Os mai dy fan cychwyn oedd ei wneud yn y neuadd ar ddechrau'r diwrnod ysgol, nawr gwna'r amlygiad yn ystod egwyl, amser cinio, cyn gwers, ar ôl gwers, pan fyddi di'n gadael ar ddiwedd y dydd, ac yn y blaen.

Ar ôl i ti wneud dy arbrawf amlygu cyntaf yn ddigon aml i deimlo'n eithaf cyfforddus, mae'n bryd symud ymlaen i'r gris nesaf. Cer yn ôl i'r ysgol rwyt ti'n gweithio arni ac edrycha ar y gris nesaf. Cyn i ti ddechrau ar y gris newydd hwn, asesa eto dy sgôr SUDS ar gyfer y gris hwnnw. Mae'n debyg y bydd dy sgôr wedi gostwng yn sgil yr hyn rwyt ti wedi'i ddysgu drwy amlygu ar gyfer y gris cyntaf. Yn wir, efallai y bydd y gris nesaf yn teimlo'n rhy hawdd erbyn hyn. Os felly, galli di addasu'r grisiau ar dy ysgol. Mae croeso i ti gyfuno grisiau os wyt ti eisiau mynd i'r afael â mwy o her yn dy gyfres nesaf o amlygiadau. Cofia, ti sydd i ddweud pa heriau rwyt ti am roi cynnig arnyn nhw!

Dal ati i ddringo'r grisiau ar yr ysgol hon. Ar ôl i ti gwblhau'r holl risiau ar yr ysgol honno, byddi di'n barod i gynllunio dy ysgol amlygu nesaf. Tro'n ôl at y cardiau mynegai a dewisa'r sefyllfa isaf nesaf ar dy restr o sefyllfaoedd sbardun. Yna gwna'r broses eto.

Does dim rhaid i ti ddilyn y drefn y dewisaist ti'n wreiddiol ar dy gardiau mynegai. Os yw dewis sefyllfa sbardun wahanol yn gwneud mwy o synnwyr erbyn hyn, gwna hynny. Unwaith eto, ti sy'n rheoli'r broses. Y peth pwysicaf yw dal ati. Amlyga'n rheolaidd, bob dydd os oes modd. Pan fyddi di'n cael hwyl arni, bydd hi'n haws dal ati nag ailafael ynddi ar ôl stopio am sawl diwrnod.

Syniadau ar gyfer amlygu

Rhaid bod yn greadigol wrth amlygu. Er mwyn dy helpu i wthio'r cwch i'r dŵr, dyma rai syniadau ar gyfer arbrofion amlygu mewn gwahanol sefyllfaoedd sbardun cyffredin. Mae'r syniadau hyn yn targedu llawer o fframweithiau ofn. Bydd rhai'n berthnasol i ti, eraill ddim cymaint. Byddi di'n gwybod pa rai sy'n berthnasol yn seiliedig ar y sefyllfaoedd sbardun rwyt ti wedi'u nodi. Rho gynnig arnyn nhw yn dy ddychymyg i weld pa rai allai fod yn ddefnyddiol i ti.

Sefyllfa	Syniadau ar gyfer amlygu
Cymryd rhan yn yr ystafell ddosbarth	Gofyn cwestiwn. Ateb cwestiwn. Gwirfoddoli i ddarllen yn uchel. Ysgrifennu ar y bwrdd gwyn. Gofyn i athro ailadrodd rhywbeth. Gofyn i athro am help ychwanegol. Gofyn i athro am lythyr o gymeradwyaeth neu eirda.
Mynegi barn neu ddewisiadau	Rhoi dy farn am lyfr, cân, chwaraeon, gwers, ffilm, neu gêm fideo. Anghytuno â ffrind hyd yn oed os nad yw'n ildio. Awgrymu gweithgaredd, bwyty, neu ffilm i'w gwylio. Anghytuno ag awgrym ("Byddai'n well gen i fynd am pizza na byrgyr"). Mynegi teimladau cadarnhaol a negyddol tuag at ffrind ("Ges i gymaint o hwyl pan..." "Ro'n i'n siomedig pan fethaist ti ddod i...").

Sefyllfa	Syniadau ar gyfer amlygu
Rhyngweithio â chyfoedion (nid dim ond ffrindiau)	Gwahodd rhywun i wneud gwaith cartref gyda ti ar ôl ysgol. Gwahodd rhywun i fynd i ddigwyddiad chwaraeon gyda ti. Cymdeithasu ar ôl ymarfer chwaraeon neu gerddoriaeth a siarad â disgyblion eraill. Gwenu a dweud "haia" wrth ddisgyblion eraill. Gwneud cyswllt llygad, gwenu a dweud "haia" wrth ddisgyblion eraill. Dechrau sgwrs yn y cyntedd, cyn gwers, neu ar ôl ysgol. Postio ar y cyfryngau cymdeithasol. Mynd i barti. Trefnu parti. Mynd i ddawns ysgol.
Gwneud ceisiadau	Gofyn i ddisgybl arall am gyfarwyddiadau. Gofyn i ddisgybl arall am yr amser neu'r dyddiad. Gofyn i ddisgybl arall am nodiadau gwers. Gofyn i ddisgybl arall am ffafr.
Bod yn ganolbwynt sylw	Gollwng rhywbeth ar bwrpas. Mynd i mewn i'r ystafell ddosbarth ychydig bach yn hwyr. Gweiddi ar draws yr ysgol ar ffrind. Chwerthin yn arbennig o uchel. Gollwng rhywbeth ar bwrpas.

Sefyllfa	Syniadau ar gyfer amlygu
Syniadau ychwanegol	Dychwelyd eitem i siop. Gofyn am feintiau neu liwiau ychwanegol o rywbeth mewn siop. Gwneud galwadau ffôn i holi am oriau agor neu leoliad siop, neu i wneud apwyntiad. Gwneud galwadau ffôn o flaen eraill. Bwyta o flaen eraill. Ysgrifennu neu deipio o flaen eraill. Tecstio o flaen eraill. Defnyddio'r toiled pan mae eraill y tu allan i'r ciwbicl yn gallu clywed (dere â dŵr a'i dywallt i mewn i'r tŷ bach i wneud mwy o sŵn). Chwythu dy drwyn o flaen eraill. Gwisgo dilledyn ychydig yn gam neu sydd â staen arno.

Amlygu i synwyriadau corfforol gorbryder

Ym mhennod 6, fe sonion ni am amlygu i synwyriadau corfforol gorbryder. *Amlygu mewnganfyddiadol* yw'r enw arall ar hyn. Roeddwn i eisiau cadw pethau mor syml â phosib wrth i ti amlygu i'r rhain am y tro cyntaf felly wnes i ddim cynnwys enghreifftiau o'r math penodol hwn mewn penodau cynharach. Gad i ni edrych yn fanylach nawr ar pryd a sut rwyt ti'n gallu gwneud hyn.

Adnabod dy synwyriadau corfforol. Dy dasg gyntaf yw adnabod pa synwyriadau corfforol rwyt ti'n eu hofni a pham. I wneud hyn, meddylia am y tro diwethaf i ti deimlo'n hynod bryderus mewn sefyllfa gymdeithasol. Gofyn i dy hun: *Pa synwyriadau corfforol, os o* *gwbl, rydw i'n eu teimlo pan dwi'n orbryderus? Beth rydw i'n ei ofni am y synwyriadau hyn?* Defnyddia'r dechneg saeth i lawr i benderfynu beth rwyt ti'n ei ofni am y synwyriadau hyn.

Dyma restr o rai synwyriadau corfforol cyffredin sy'n gallu dy helpu â'r dasg hon:

- chwysu
- goranadlu
- cochi
- pendro
- cryndod
- y galon yn curo'n gyflym – *palpitations.*

Gwna ymarferion goranadlu. Ar ôl i ti adnabod y synwyriadau rwyt ti'n eu hofni, rwyt ti'n mynd i geisio'u hachosi yn fwriadol. Fel gydag unrhyw fath arall o amlygu, y rheswm dros wneud hyn yw dysgu dy ymennydd i fod yn llai ofnus. Yn yr achos hwn, mae'n dysgu bod yn llai ofnus o synwyriadau corfforol gorbryder.

Yn sicr, y dull mwyaf effeithiol i ysgogi unrhyw un o synwyriadau corfforol gorbryder yw goranadlu (anadlu'n rhy gyflym) yn fwriadol. Dyw goranadlu'n fwriadol ddim yn beryglus. Dyma'r dull dwi'n ei ddefnyddio 99 y cant o'r amser gyda phobl ifanc yn eu harddegau. Felly, hyd yn oed os mai cochi neu chwysu yw dy synwyriadau, dyma dwi'n argymell y dylet ti roi cynnig arno.

Sylwa: dylet fod mewn iechyd da i wneud yr ymarfer hwn. Os wyt ti'n dioddef o asthma, ffitiau, neu broblemau gyda'r galon, trafoda hyn â dy feddyg cyn gwneud unrhyw oranadlu bwriadol.

Bydda'n barod i weithio'n galed ar yr ymarfer hwn. Dylai deimlo fel ymarfer corff! Fel gyda phob amlygiad, dylet ti geisio peidio â gwneud ymddygiadau osgoi neu ddiogelwch. Er enghraifft, paid â thawelu dy feddwl drwy ddweud, "Dim ond ymarfer yw e, dyw e ddim yn real." Gad i dy hun brofi'r synwyriadau cymaint ag y galli di, heb stopio cyn i'r amser penodedig ddod i ben.

Dylet ti wneud hyn yn dy sesiwn gyntaf:

1. anadlu'n ddwfn ac yn gyflym trwy dy geg, gan ddefnyddio cymaint o rym ag y galli di am brawf o 15 eiliad

2. ar ôl saib, cynyddu'r amser i 30 eiliad.

3. ar ôl saib arall, os wyt ti'n gallu ei oddef, cynyddu'r amser i 60 eiliad.

Mewn sesiynau dilynol, ar ôl i ti weithio i fyny i 60 eiliad, dim ond y trydydd cam bydd angen i ti ei wneud. Gwna 60 eiliad, yna oedi ac anadlu fel arfer, ac yna gwna 60 eiliad arall. Mae dwy neu dair rownd o 60 eiliad yr un fel arfer yn gweithio. Ond gad i dy lefel cysur dy arwain.

Ar ôl pob sesiwn anadlu, gofynna dri chwestiwn i dy hun: *Pa synwyriadau corfforol ges i? Pa mor debyg yw hyn i'r teimladau dwi'n eu cael pan dwi'n orbryderus?* (Rho sgôr o 1 i 10 ar gyfer hyn, a 10 yn nodi bod y synwyriadau yn union yr un fath.) *Beth yw fy sgôr SUDS?*

Dylet ddisgwyl i dy sgôr SUDS godi rywfaint i ddechrau. Wrth i ti wneud mwy o sesiynau, bydd yn gostwng. Os galli di gynhyrchu synwyriadau corfforol sy'n debyg iawn i'r hyn rwyt ti'n ei deimlo pan fyddi di'n orbryderus mewn bywyd go iawn, byddi di'n dysgu llawer o'r amlygu hwn.

Rho gynnig ar rywbeth arall yn lle ymarferion goranadlu. Dydy pawb ddim yn gallu cynhyrchu synwyriadau corfforol drwy oranadlu sy'n debyg i'r hyn sy'n digwydd iddyn nhw yn ystod gorbryder go iawn. Os yw hyn yn wir amdanat ti, fydd y math hwn o amlygu ddim yn dy helpu di rhyw lawer.

Yn ffodus, mae ffyrdd eraill i achosi synwyriadau corfforol o orbryder. Mae'r rhain yn cynnwys rhedeg yn yr unfan a rhedeg i fyny'r grisiau. Dilyna'r cyfarwyddiadau ar gyfer goranadlu, ond yn lle anadlu'n gyflym, rheda yn yr unfan (neu i fyny'r grisiau) am yr amser penodedig. Yna gofynna'r un cwestiynau i ti dy hun.

Galli di hefyd wneud amlygu mewnganfyddiadol sy'n targedu synwyriadau ofn fel cochi, crynu, a chwysu. Dyma rai awgrymiadau i gynhyrchu'r synwyriadau hyn:

- eistedd yn agos at wresogydd
- eistedd mewn ystafell boeth wedi dy lapio mewn blanced
- yfed diod boeth yn gyflym (gofala beidio â llosgi dy geg neu dy lwnc)
- gwneud byrfreichiau (*press-ups*).
- dal pwysau gyda dy freichiau wedi'u hymestyn.

Os wyt ti'n poeni am eraill yn sylwi dy fod ti'n chwysu neu'n cochi, galli di ychwanegu amlygu *in vivo*. Cyn siarad â rhywun, gwna un o'r canlynol:

- chwistrella dy hun â photel chwistrellu i edrych fel petaet ti'n chwysu
- gwisga golur, fel *blusher* cryf, i ddynwared cochi.

MEITHRIN SGILIAU CYMDEITHASOL

Os wyt ti'n byw gyda gorbryder cymdeithasol, mae'n debyg dy fod ti wedi osgoi llawer o sefyllfaoedd cymdeithasol a pherfformio. Mae hyn wedi'i gwneud hi'n anoddach i ti ddatblygu'r wybodaeth angenrheidiol er mwyn gallu siarad ag eraill a chael perthynas gymdeithasol lwyddiannus. Bydd gwneud y broses CBT yn y llyfr hwn yn helpu gyda hynny. Ond mae mwy y galli di ei wneud i feithrin dy sgiliau.

Dyma ambell awgrym ar sut i ddechrau sgwrs, sut i fân siarad, sut i gynnal sgwrs, sut i newid pwnc, a sut i estyn gwahoddiad. Byddi di hefyd yn dysgu am sgiliau pendantrwydd, gan gynnwys cyfathrebu dieiriau, mynegi dewis, dweud na, a rhannu dy deimladau.

Sut i ddechrau sgwrs

Gad i ni ddechrau gyda sut mae adnabod cyfleoedd da i sgwrsio. Pryd byddai hi'n amser da i ddechrau sgwrs? Meddylia am amser nodweddiadol o'r dydd pan fyddi di o gwmpas dy gyfoedion. Efallai dy fod ti eisoes wedi ystyried y mathau hyn o sefyllfaoedd wrth gynllunio a chyflawni dy amlygu:

- cyn neu ar ôl gwers, ymarfer chwaraeon, neu wasanaeth
- wrth aros i wers neu wasanaeth ddechrau
- wrth gynhesu neu oeri mewn ymarfer chwaraeon
- wrth giwio am ginio
- wrth eistedd wrth ymyl disgybl arall yn y ffreutur
- wrth aros am fws neu ar y bws
- unrhyw bryd rwyt ti'n agos at rywun yn gorfforol.

Nawr meddylia beth i'w ddweud ar ôl i ti weld cyfle da i sgwrsio. Galli di ddechrau drwy ddweud rhywbeth syml. Torri'r iâ yw'r enw ar ddechrau sgwrs fel hyn. Mae gwneud sylw neu ofyn cwestiwn sy'n cael eraill i siarad yn enghraifft o dorri'r iâ yn llwyddiannus. Mae'n fwyaf defnyddiol pan mae'r pwnc yn ymwneud â rhywbeth sydd gen ti'n gyffredin â'r person arall. Er enghraifft:

"Roedd yr arholiad hanes 'na'n anodd."

"Beth oedd dy farn di am y labordy ffiseg?"

"Ti 'di gorffen y gwaith cartref?"

"Waw, mae'n boeth yma heddiw!"

"Pa bwnc ddewisaist ti ar gyfer y papur?"

"Mae dy sgarff di'n cŵl. Dwi 'di bod yn chwilio am un fel 'na."

"Beth wyt ti'n gael i ginio?"

Mân siarad

Ar ôl i ti dorri'r iâ, beth rwyt ti'n ei ddweud nesaf? Rwyt ti'n *mân siarad.* Mân siarad yw sgwrs gwrtais ond dibwys am bynciau niwtral, fel y tywydd, aseiniad gwaith cartref, neu brofiad sydd gennych chi'n gyffredin. Dwyt ti na'r person arall ddim eisiau nac yn disgwyl i'r sgwrs fynd yn ddwfn iawn na phara'n hir iawn. Mae'n ffordd o deimlo'n fwy cyfforddus ym mhresenoldeb pobl eraill.

Dyma fformiwla syml i bobl ifanc yn eu harddegau sydd eisiau datblygu'r grefft o fân siarad:

1. gofyn cwestiwn
2. gwrando ar yr ateb
3. gofyn cwestiwn arall sy'n gysylltiedig â'r ateb
4. ailadrodd camau 2 a 3.

Dal ati i ailadrodd y camau hyn, gan ofyn cwestiwn newydd sy'n gysylltiedig â'r ateb blaenorol bob tro.

Un gair o gyngor ar gyfer cynnal y mân siarad yw gofyn cwestiynau penagored yn hytrach na rhai y gellir eu hateb ag ie neu na. Gallet ti ddechrau gyda chwestiwn ie-neu-na neu do-neu-naddo i ddewis pwnc ac yna ei gynnal â chwestiynau penagored. Gad i ni weld sut mae hyn yn gweithio i Toby:

Toby: Est di i'r ymarfer côr ddoe? [cwestiwn do-neu-naddo]

Chris: Do.

Toby: Pa ganeuon wnaethoch chi ganu? [cwestiwn penagored]

Chris: Buon ni'n ymarfer popeth ar gyfer cyngerdd y gwanwyn.

Toby: Sut roedd e'n swnio? [cwestiwn penagored]

Chris: Yn rhyfeddol o dda, a dweud y gwir. Heblaw am y gân olaf.

Toby: O? Beth aeth o'i le gyda'r un olaf? [cwestiwn penagored]

Chris: Doedd pobl ddim hyd yn oed yn cofio'r geiriau. Os doi di heddiw, dwi'n siŵr y byddwn ni'n well. Mae gen ti lais cryf a ti wastad yn gwybod y geiriau. Efallai y bydd dy gael di yno'n helpu'r rhai sydd heb ddysgu'r geiriau.

Toby: Diolch. Wela i di yno.

Newid pwnc

Dim ond am hyn a hyn rwyt ti'n gallu mân siarad am rywbeth cyn y bydd angen i ti newid y pwnc. Efallai y byddi di'n poeni y bydd newid pwnc yn anodd oherwydd fyddi di ddim yn gwybod beth i'w ddweud.

Cofia fod dau berson o leiaf mewn sgwrs. Nid dim ond ti sy'n gyfrifol am gynnal y sgwrs. Bydd gan yr un rwyt ti'n siarad ag e bethau i'w cyfrannu. Efallai y bydd hyd yn oed yn newid y pwnc cyn i ti gael cyfle i wneud hynny. Ond fel arall, chwilia am yr adegau da yma i newid pwnc: pan does gen ti na'r person arall ddim byd mwy i'w ddweud am bwnc, neu pan fydd saib hir.

Cofia fod seibiau lletchwith wrth ymwneud ag eraill yn gymdeithasol yn normal. Weithiau bydd sgwrs yn parhau'n naturiol ar yr un pwnc neu ar bwnc cysylltiedig ar ôl saib. Dro arall, mae tawelwch yn golygu ei bod hi'n amser da i newid pwnc. Os byddi di'n penderfynu newid pwnc, galli di ddefnyddio'r fformiwla mân siarad.

Er enghraifft, yn hytrach na bod Toby yn gorffen ei sgwrs â Chris, gallai fod wedi ymateb fel hyn:

Chris: … Efallai y bydd dy gael di yno yn helpu'r rhai sydd heb ddysgu'r geiriau.

Toby: Diolch. [saib] Wyt ti wedi gwneud y gwaith cartref mathemateg yna eto? [cwestiwn ie-neu-na]

Chris: Nadw

Toby: Faint o amser gymerith e, ti'n meddwl? [cwestiwn penagored]

Chris: Dydw i ddim yn gwybod. Fe gymerodd yr un diwetha awr. Dwi'n mynd i drio'i ddechrau fe cyn ymarfer côr.

Toby: Mae e'n edrych yn anodd!

Os yw sgwrs wedi dod i'w diwedd naturiol, does dim angen dweud mwy. Os felly, galli di ddweud rhywbeth fel, "Wel, wela i di'n ddiweddarach yn Hanes", a gadael. Does dim rheolau cymdeithasol am hyn. Mae gan bobl bethau i'w gwneud, llefydd i fynd iddyn nhw, yn dy gynnwys di.

Gwahodd rhywun i wneud rhywbeth gyda ti

Wrth i ti ymarfer mân siarad, byddi di'n teimlo'n fwy a mwy cyfforddus yn siarad ag eraill. Byddi di'n dysgu nad *beth* rwyt ti'n ei ddweud sy'n bwysig mewn gwirionedd, ond y ffaith syml dy fod ti'n siarad ag eraill ac yn cysylltu â nhw.

Sut rwyt ti'n cysylltu mwy ag eraill? Trwy dreulio amser gyda nhw! Mae estyn gwahoddiadau a'u derbyn yn ffordd bwysig o sicrhau dy fod yn gwneud hynny. A bydd y gwahoddiadau hynny, yn eu tro, yn arwain at gyfeillgarwch mwy ystyrlon ag eraill.

Mae'r rhan fwyaf o bobl ifanc â gorbryder cymdeithasol yn osgoi estyn gwahoddiadau oherwydd eu bod yn poeni y bydd yr un y maen nhw'n ei wahodd yn gwrthod y cynnig. Os yw'n derbyn y gwahoddiad, maen nhw'n poeni bod hwnnw wedi derbyn ddim ond er mwyn bod yn gwrtais ac nad yw eisiau gwneud dim byd â nhw mewn gwirionedd. (Dyma enghraifft o wall meddwl darllen meddyliau.) Er mwyn dod i'r arfer ag estyn gwahoddiadau'n raddol, dwi'n argymell dy fod ti'n dechrau gydag awgrym. Fel y gwnest ti wrth fân siarad, ceisia osgoi cwestiynau ie-neu-na syml. Er enghraifft:

Gwahoddiad ie-neu-na: "Fyddet ti'n hoffi cyfarfod?"

Gwell: "Efallai y gallwn ni gyfarfod rywbryd."

Gwahoddiad ie-neu-na: "Ti eisiau astudio yn y llyfrgell?"

Gwell: "Efallai y gallen ni astudio hyn yn y llyfrgell gyda'n gilydd rywbryd."

Pan fyddi di'n estyn gwahoddiad, byddi di'n cael un o dri math o ateb: cadarnhaol, niwtral, neu negyddol.

- **Cadarnhaol.** Ateb cadarnhaol yw rhywbeth tebyg i, "Byddai hynna'n wych. Diolch." Os cei di ymateb cadarnhaol, bydd angen i ti ymateb â chynllun pendant a chyfnewid manylion cyswllt. Er enghraifft, "Beth am i ni fynd i'r caffi pnawn dydd Sadwrn i astudio? Rho dy rif i fi er mwyn i fi decstio'r manylion i ti'n ddiweddarach."
- **Niwtral.** Gallai ymateb niwtral fod yn rhywbeth fel dim ond "Efallai". Os wyt ti'n cael ateb niwtral, galli di roi ymateb niwtral yn ôl. Er enghraifft, "Iawn." Yna rho ychydig o amser iddo. Os wyt ti'n teimlo dy fod yn dod i adnabod yr unigolyn ychydig yn well, galli di roi cynnig ar wahoddiad arall yn y dyfodol. Cofia, mae llawer o esboniadau posib yn bod am ymateb niwtral i wahoddiad. Efallai fod y person arall yn swil neu efallai fod ei feddwl ar bethau eraill ar y pryd.

- **Negyddol.** Ymateb negyddol byddai rhywbeth tebyg i, "Na, does gen i ddim amser. Sori." Yn yr achos hwn, dwi'n awgrymu dy fod ti'n dod â'r sgwrs i ben ac yn cerdded i ffwrdd. Efallai y bydd yn brifo ychydig. Ond galli di ganmol dy hun am wneud yr ymdrech ac am roi cynnig ar rywbeth anghyfforddus. Da iawn ti!

Sgiliau pendantrwydd

Mae cyfathrebu'n bendant yn golygu dy fod ti'n mynegi dy feddyliau, dy deimladau, a dy anghenion yn blaen ac yn onest, gan barchu hawliau ac anghenion pobl eraill. Dyw bod yn bendant ddim yr un fath â bod yn anghwrtais neu'n ymosodol. Mae cyfathrebu'n bendant yn anodd i lawer o bobl ifanc yn eu harddegau â gorbryder cymdeithasol. Mae hyn yn cyfyngu ar ddyfnder ac ansawdd eu perthynas ag eraill. Os wyt ti'n poeni y bydd mynegi dy feddyliau, dy ddewisiadau, a dy deimladau'n arwain at gael dy wrthod, fyddi di ddim yn dysgu sut i ddatblygu perthnasoedd ystyrlon sy'n llesol i bawb.

Dyma rai ffyrdd o ymarfer y sgiliau pwysig hyn. Galli di ymarfer y sgiliau hyn fel rhan o dy ysgolion amlygu hefyd.

Defnyddia gyfathrebu dieiriau. Mae'r ffordd rwyt ti'n cario dy gorff yn iaith ynddi'i hun. Galli di ei defnyddio i deimlo ac ymddangos yn fwy pendant. Mae cynnal cyswllt llygaid, sefyll i fyny'n syth, a wynebu'r un rwyt ti'n siarad ag ef yn ffyrdd o ymddangos yn fwy pendant. Dechreua'n fach, gan feithrin dy sgiliau. Er enghraifft, os oes gen ti sgôr SUDS uwch ar gyfer gwneud cyswllt llygad nag ar gyfer sefyll yn syth, dechreua gyda sefyll yn syth.

Mynega dy ddewisiadau. Os wyt ti'n cael trafferth mynegi beth rwyt ti'n ei hoffi am dy fod ti'n ofni na fydd eraill yn hoffi'r un pethau, efallai y byddan nhw'n meddwl nad oes gen ti farn. Os nad wyt ti'n rhannu'r hyn rwyt ti'n ei hoffi a ddim yn ei hoffi, fe allen nhw feddwl dy fod ti'n amhendant. Mae dy farn di'n bwysig i eraill. Rhannu dy feddyliau yw'r ffordd i sefydlu perthnasoedd cymdeithasol, y perthnasoedd dwfn a'r rhai ar lefel cydnabod. Os yw mynegi dy ddewisiadau yn sbarduno sgôr SUDS, bydd angen i ti ymarfer hyd nes y byddi di'n teimlo'n fwy cyfforddus.

Mae defnyddio datganiadau 'dwi'n' (brawddegau sy'n dechrau gyda 'dwi' neu ffurf debyg) i fynegi dy ddewisiadau yn ddefnyddiol. Er enghraifft, efallai y byddi di'n dweud, "Dwi'n hoffi cerddoriaeth Janelle Monáe. Wyt ti?" Neu " Dydw i ddim yn hoffi Pete's Pizzeria. Pa le pizza rwyt ti'n ei hoffi orau?" Neu "Dwi'n hoffi astudio yng nghanolfan y myfyrwyr, dyna'r lle gorau."

Mae'n iawn i ti ddweud na. Efallai dy fod yn poeni y bydd rhywun yn gwylltio, yn cael ei somi neu ddim yn dy hoffi os wyt ti'n gwrthod gwneud rhywbeth mae rhywun arall yn gofyn i ti ei wneud. Wyt ti erioed wedi cytuno i wneud rhywbeth nad oeddet ti wir yn teimlo'n gyfforddus yn ei wneud? Efallai ei bod hi'n teimlo'n haws yn y foment i gytuno, ond efallai y byddi di'n difaru yn ddiweddarach.

I ymarfer y sgìl hwn, galli di ddweud, "Mae'n ddrwg gen i, ond..." Yna, dywed yn gryno pam rwyt ti'n methu gwneud yr hyn sydd dan sylw neu pam dwyt ti ddim eisiau ei wneud. Os yw'r person yn dal i dy blagio neu'n erfyn arnat ti i'w wneud, paid â gwylltio, dim ond dweud, "Mae'n ddrwg gen i, alla i ddim." Dwi'n awgrymu dy fod yn ymarfer y sgìl hwn o flaen drych wrth ddychmygu'r senario.

Rhanna sut rwyt ti'n teimlo. Os oes gen ti orbryder cymdeithasol, efallai mai mynegi dy deimladau yw'r rhan anoddaf o ddysgu sut i fod yn fwy pendant. Er enghraifft, efallai y byddi di'n poeni os wyt ti'n canmol rhywun, y bydd eraill yn meddwl dy fod ti'n *nerd*, yn *clingy*, neu'n 'trio'n rhy galed'. Y broblem gyda pheidio â rhannu sut rwyt ti'n teimlo yw dy fod ti'n colli allan ar rannu profiad positif ag eraill.

Gan nad oes neb yn gallu darllen meddwl rhywun arall, mae'r sgìl hwn yn bwysig. Er enghraifft, sut mae Joe i fod i wybod ei fod wedi dy bechu â sylw a wnaeth am dy ethnigrwydd os nad wyt ti'n dweud wrtho? Sut mae Sarah i fod i wybod dy fod ti'n meddwl bod ei gwisg yn edrych yn cŵl os nad wyt ti'n dweud wrthi?

Dyw'r sgìl hwn ddim o reidrwydd yn ymwneud â rhannu teimladau dwfn ag eraill. Mae gallu rhannu dicter, tristwch, a siom – teimladau y mae pawb yn eu profi ar ryw adeg – yn bwysig ar gyfer datblygu perthnasoedd. Dwi'n awgrymu dy fod yn dechrau gyda theimladau a chanmoliaeth syml. Pan fydd di'n gyfforddus gyda theimladau haws, galli di symud ymlaen o'r fan honno.

CWESTIYNAU CYFFREDIN

C: *Ond mae bod yn bendant fel bod yn pushy neu'n bossy on'd ydy?*

A: Gall y gair 'pendant' olygu pethau gwahanol i bobl wahanol. Yn y llyfr hwn mae'n ymwneud â'r hyn rwyt ti ei eisiau, dy ddewisiadau, dy gredoau, a dy farn, yn ogystal â'r hyn dwyt ti ddim ei eisiau, yn ei hoffi nac yn ei gredu. Dyw bod yn bendant ddim yn golygu ymddwyn mewn ffodd drahaus neu awdurdodol.

Fydd pawb ddim yn cytuno â dy farn, dy ddewisiadau na dy ddymuniadau. Byddai'r byd yma'n lle diflas iawn petaen nhw! Rhannu'r pethau sy'n mynd â dy fryd ag eraill yw'r sail i gyfeillgarwch a pherthnasoedd. Rydyn ni i gyd yn greaduriaid cymdeithasol sy'n chwilfrydig ac eisiau gwybod am ein gilydd.

C: *Petawn i'n ymddwyn yn well ac yn fwy clyfar, byddai pobl yn fy hoffi fi. Efallai y dylwn i geisio bod yn well ym mhopeth?*

A: Fe wnaeth ymchwilwyr unwaith astudiaeth am yr hyn sy'n ein gwneud ni'n ddeniadol i eraill. Yn yr astudiaeth, bu pobl yn gwrando ar recordiadau o bobl eraill yn ateb cwestiynau: atebodd rhai yn berffaith, eraill ddim cystal. Roedd un o'r rhai a atebodd yn berffaith hefyd wedi gwneud camgymeriad lletchwith ac annifyr – gollwng coffi ar ei siwt newydd! Ar y diwedd, roedd yn rhaid i bawb sgorio pwy oedd fwyaf hoffus. Pwy ti'n feddwl ddywedon nhw?

Cliw i ti: nid yr un y byddai'r rhan fwyaf o bobl ifanc â gorbryder cymdeithasol yn ei ddisgwyl. Nid yr un oedd wedi gwneud popeth yn berffaith. Yr un mwyaf hoffus oedd yr un a berfformiodd yn dda ond a wnaeth gamgymeriadau hefyd. Yr enw ar hyn yw'r *effaith syrthio ar eich pen ôl:* mae rhywun sy'n gwneud gwall neu ddau yn fwy deniadol na rhywun sy'n dod drosodd fel archarwr. Felly nid bod yn glyfar neu'n ffraeth ym mhob sgwrs yw'r hyn fydd yn gwneud i bobl dy hoffi. Byddai'n well ganddyn nhw weld dy fod ti'n fodlon bod yn ti dy hun, yn mentro, ac yn dangos rhywfaint o wendid.

C: *Ydy cadw pellter cymdeithasol yn helpu gorbryder cymdeithasol?*

A: A ninnau nawr yn gwybod sut beth yw byw mewn byd lle'r oedd gofyn i bobl gadw pellter cymdeithasol – a'i bod yn bosib y bydd gofyn i ni wneud hynny eto yn y dyfodol – mae hynny'n gwestiwn gwerthfawr. Efallai dy fod wedi sylwi dy fod yn teimlo rhyddhad ar unwaith pan fydd angen i ti gadw pellter cymdeithasol. Mae hynny oherwydd bod cadw pellter cymdeithasol yn dy gadw di rhag dy sefyllfaoedd sbardun. Mewn gwirionedd, gall ymddangos fel golau gwyrdd i ddefnyddio dy ymddygiadau osgoi a diogelwch. Ond mae cadw pellter cymdeithasol hefyd yn dy atal rhag gallu cynnal arbrofion amlygu.

Er y gallai cadw pellter cymdeithasol ymddangos yn ddefnyddiol ar gyfer gorbryder cymdeithasol, dyw e ddim. Y gwahaniaeth yw, yn wahanol i ymddygiadau osgoi a diogelwch, weithiau mae angen i ti gadw pellter cymdeithasol er mwyn dy iechyd dy hun neu iechyd eraill, neu'r ddau. Ond cofia y gallai dy orbryder gynyddu pan ddaw hi'n amser i'r cyfnod cadw pellter cymdeithasol ddod i ben. Mae hynny'n amser da i ddechrau (neu ailddechrau) amlygu.

C: *Dydw i ddim yn meddwl bod neb wir eisiau dod i fy nabod i. Fydda i ddim yn teimlo'n waeth os dwi'n trio bod yn fwy cymdeithasol?*

A: Mae grym ein meddyliau yn gryf iawn. Os wyt ti'n credu bod eraill ddim eisiau dod i dy adnabod, yna wrth gwrs y byddi di'n cael trafferth ystyried y posibilrwydd y gallai pobl eraill dy hoffi petaen nhw'n cael cyfle. Dwi'n awgrymu dy fod ti'n creu arbrofion amlygu ar gyfer y sefyllfaoedd penodol sy'n sbarduno'r gred hon. Fel hyn, galli di ddysgu a wyt ti'n iawn i gredu nad yw eraill eisiau dy adnabod di. Os wyt ti'n osgoi ymwneud ag eraill gymaint â phosib, chei di ddim cyfle i wrthbrofi dy gredoau.

Gall dy amlygu gynnwys gwneud llai o osgoi yn raddol. Er enghraifft, efallai y byddi di'n penderfynu gwneud cyswllt llygad a dweud "haia". Yna, chwilia am dystiolaeth wrthrychol i gefnogi dy ragfynegiad o'r hyn fydd yn digwydd. Sut byddi di'n gwybod yn sicr nad yw person eisiau dy adnabod di? Faint o bobl sy'n gorfod dy anwybyddu di er mwyn i ti deimlo'n waeth am drio? Cadwa gofnod o'r dystiolaeth er mwyn gweld beth sy'n digwydd pan fyddi di'n lleihau dy ymddygiadau osgoi.

PENNOD 11

Sut mae'n mynd?

Rhaid wrth ddisgyblaeth, dewrder, a'r gallu i ganolbwyntio ar y model gwyddonol i amlygu. Rwyt ti'n dilyn y rhaglen hon sy'n seiliedig ar amlygu oherwydd dy fod ti'n gwybod ei bod yn gweithio. Ac eto, mae cadw dy lygad ar y wobr yn help. Os wyt ti'n teimlo'n ddigalon, gofynna i ti dy hun, *Pam dwi'n gwneud hyn?* Dy ateb: *I deimlo'n fwy hyderus a chyfforddus yn y sefyllfaoedd cymdeithasol dwi eisiau bod ynddyn nhw!*

ADOLYGU DY GYNNYDD

Mae cynnydd a chymhelliant yn mynd law yn llaw. Pan fyddi di'n gweld cynnydd, rwyt ti'n teimlo'n fwy brwdfrydig i barhau. Hefyd, bydd adolygu'r cynnydd rwyt ti'n ei wneud bob dydd, bob wythnos, a thu hwnt yn dy helpu i fod yn atebol.

Cynnydd dyddiol

Adolyga dy gynnydd bob dydd. Wyt ti'n peidio â gwneud yr ymddygiadau hyn 100 y cant o'r amser mewn sefyllfaoedd sbardun? Os nad wyt ti, pryd wyt ti'n llithro? Efallai na fydd yn realistig disgwyl 100 y cant, yn enwedig yn ystod dy amlygu cyntaf. Pan fyddi di'n llithro, paid â bod yn galed arnat ti dy hun. Ceisia feddwl beth ddigwyddodd ac yna ailafael ynddi unwaith eto.

Y gobaith yw dy fod ti'n amlygu sawl gwaith y dydd. Cofia lenwi'r Taflenni Gwaith cyn ac ar ôl yr Amlygu bob tro. Mae dy ymatebion yn rhoi data da i ti am dy gynnydd. Paid â neidio dros y cwestiwn "Beth wnes i ei ddysgu?" ar ôl pob amlygiad a chyn i ti gynllunio amlygiad newydd. Bydd ateb y cwestiwn hwn yn helpu i atgyfnerthu'r dysgu newydd y mae dy ymennydd wedi'i gyflawni wrth amlygu.

Yn wir, dwi'n argymell dy fod ti'n mynd gam ymhellach â'r data trwy ddod i'r arfer o'i gofnodi ar ffurf lòg. Galli di ddefnyddio llyfr nodiadau neu dabled, a thynnu llinell i lawr canol pob tudalen. Ar y chwith, rho dy ddata cyn yr amlygu: canran faint roeddet ti'n credu y byddai dy ragfynegiad yn gywir, a'r amcangyfrif o dy sgôr SUDS. Ar y dde, rho dy ddata ar ôl yr amlygu: canran faint rwyt ti'n ei gredu nawr a dy sgôr SUDS go iawn.

Dyma lòg Diya ar ôl sawl arbrawf amlygu:

	Cyn		Ar ôl	
Amlygiad 1	BIP 60%	SUDS 4	BIP 10%	SUDS 3
Amlygiad 2	BIP 100%	SUDS 5	BIP 20%	SUDS 4
Amlygiad 3	BIP 50%	SUDS 3	BIP 2%	SUDS 2

Cynnydd wythnosol

Os wyt ti'n cadw cofnod o amlygu gyda dy bwyntiau data a dyddiadau dy amlygu, byddi di'n gallu gweld dy gynnydd dros amser. Rwyt ti eisiau gweld canran faint rwyt ti'n credu y bydd y canlyniadau rwyt ti'n eu hofni yn digwydd a dy raddau SUDS yn gostwng. Oherwydd dy fod ti'n symud ymlaen i ysgolion amlygu newydd, efallai na fyddi di'n sylwi ar y cynnydd rwyt ti'n ei wneud. Hefyd, yn ystod dy amlygu cynnar, efallai y bydd pethau'n teimlo'n anoddach cyn iddyn nhw ddechrau teimlo'n haws. Mae cadw golwg ar dy ddata yn golygu dy fod ti'n gallu edrych ar bethau'n wrthrychol yn hytrach nag yn emosiynol. Mae rhifau gwrthrychol yn cynnig tystiolaeth bwerus a phendant o dy gynnydd.

Cynnydd misol a thu hwnt

Wrth gwrs, mae pawb yn gwneud amlygu ar eu cyflymder eu hunain. Efallai y byddi di'n teimlo mor wych ar ôl mis o amlygu, byddi di'n penderfynu dy fod wedi cyflawni dy nodau. Neu efallai y byddi di'n mynd gan bwyll ac yn gweithio ar amlygu dros sawl mis. Yr unig beth sy'n bwysig yw dy fod ti'n symud ymlaen er mwyn i ti allu bod mewn sefyllfaoedd sbardun heb wneud ymddygiadau osgoi neu ddiogelwch.

Pan fyddi di'n meddwl dy fod ti'n barod i roi'r gorau i amlygu ffurfiol, edrycha ar dy ddata. Mae'n hawdd anghofio pa mor anodd oedd rhywbeth ar ôl iddo ddod yn hawdd. Efallai dy fod ti'n gwneud mwy o gynnydd nag rwyt ti'n sylweddoli. Bydd edrych ar dy ddata yn dweud wrthot ti'n union ble rwyt ti arni. Bydd hyn hefyd yn dy ysgogi i gymryd y camau sydd eu hangen i gynnal dy gynnydd.

CYNNAL DY GYNNYDD

Rwyt ti wedi gweithio'n galed i gynyddu dy gysur mewn sefyllfaoedd cymdeithasol, felly mae'n bwysig cynnal y cynnydd hwnnw. A bydd y cynnydd hwnnw yn dy helpu i ymdopi â sefyllfaoedd sbardun eraill a allai godi yn y dyfodol. Heb os, bydd dy fywyd yn cyflwyno sefyllfaoedd sbardun posib newydd. Efallai y byddi di'n mynd i'r coleg, yn cael swydd, yn cael gyrfa ymhen hir a hwyr, yn cwrdd â llawer o bobl newydd, yn cael perthynas â rhywun, ac yn y blaen. Fydd dy duedd i orbryderu ddim yn diflannu. Felly gad i ni sôn am sut i gadw dy orbryder dan reolaeth fel nad yw'n cael cyfle i dyfu eto.

Dal ati i hyfforddi dy feddwl. Hyd yn oed ar ôl i ti orffen amlygu ffurfiol, cadwa dy feddwl yn effro mewn sefyllfaoedd sbardun trwy ymarfer amlygu. Dwi'n awgrymu dy fod yn gwneud rhestr o'r sefyllfaoedd sbardun sydd wedi bod anoddaf i ti neu sydd ddim yn digwydd yn aml, a dewis dau neu dri i'w gwneud bob wythnos. Dal ati i wneud hyn.

Galli di feddwl am y gwaith hwn fel rhywbeth tebyg i'r ffordd y mae athletwyr yn cynnal eu ffitrwydd ar ôl i'r tymor orffen. Mae angen iddyn nhw gynnal eu cryfder a'u stamina i allu ymdopi â'r hyfforddiant mwy dwys y bydd gofyn iddyn nhw ei wneud y tymor nesaf. Fel athletwr cystadleuol ers fy arddegau, dwi'n gwybod hyn yn iawn. Unwaith, ar ôl anaf, fe wnes i roi'r gorau i hyfforddi rhwng tymhorau. Fe ddysgais i wers boenus iawn, cred ti fi! Roedd y chwe wythnos gyntaf ar ôl i fi ddechrau hyfforddi eto yn erchyll. Hefyd, roeddwn i'n fwy tueddol o gael anaf heb yr hyfforddiant hwnnw'n gefn i fi. Ar ôl y fath brofiad, wnes i byth adael i fy ffitrwydd ostwng eto.

Paid â chynhyrfu os yw dy sgôr SUDS yn uwch nag roeddet ti wedi'i ddisgwyl unrhyw bryd. Edrych arni fel arwydd bod angen i ti gadw'n heini. Paid â rhoi amser caled i ti dy hun am hyn. Y cyfan mae angen i ti ei wneud yw ei chydnabod ac ailafael ynddi, gan ddefnyddio'r wybodaeth rwyt ti wedi'i dysgu yn y llyfr hwn. Rwyt ti'n deall sut mae gorbryder yn gweithio: beth sy'n ei fwydo, beth sy'n ei gynnal, a sut i'w drechu. Unwaith y byddi di'n gwybod sut i ddefnyddio'r broses CBT, mae gen ti'r sgiliau i reoli gorbryder a chynnal dy gynnydd am weddill dy oes.

Cofia ddefnyddio hunandosturi. Bydd rhai dyddiau'n haws nag eraill. Un diwrnod, efallai y byddi di'n teimlo bod dy orbryder wedi cael ei sbarduno sawl tro ac efallai y bydd yn teimlo'n fwy dwys nag ar ddiwrnod arall. Dyma natur pob problem gorbryder: mae'n tyfu ac yn lleihau. Bydd pawb sy'n amlygu yn wynebu'r ddeinameg hon, ac mae'n help i dy atgoffa dy hun bod hyn yn normal.

Yn yr un modd, weithiau bydd cadw at y rhaglen yn teimlo'n haws nag ar adegau eraill. Mae hynny i'w ddisgwyl. Er enghraifft, os wyt ti'n delio â phroblemau hwyliau, fel teimlo'n isel, bydd dy orbryder yn debygol o ymddangos yn waeth pan fyddi di'n teimlo'n isel. Mae hormonau'n gallu cael effaith ar hyn hefyd. Er enghraifft, mae'r rhan fwyaf o fenywod sy'n dioddef o orbryder yn gweld eu symptomau'n gwaethygu yn ystod y diwrnodau cyn eu mislif.

Yn lle bod yn llym â ti dy hun am beidio â chyrraedd y nodau rwyt ti wedi'u gosod, neu am betruso, tria fod yn dosturiol wrthyt ti dy hun. Mae bod yn ffrind da i ti dy hun yn un ffordd o fynegi hunan dosturi. Beth fyddai cyngor ffrind da i ti? Fyddai ffrind yn dweud y drefn wrthot ti ac yn dweud na fyddi di byth yn gwneud cynnydd? Na fyddai, siŵr! Byddai ffrind yn gwrando arnat ti ac yn cydymdeimlo â dy deimladau ac yn ceisio dy helpu i ddatrys y problemau. Pan does dim ffrind wrth law, bydd yn ffrind i ti dy hun!

Bydd yn ymwybodol o arwyddion llithro'n ôl. Gofynna i ti dy hun, *Beth byddwn i'n sylwi arno gyntaf petai fy ngorbryder cymdeithasol yn gwaethygu eto?* Mae'n debyg mai'r ateb yw y byddet ti'n sylwi ar gynnydd mewn ymddygiadau osgoi. O ystyried nad yw ymddygiadau osgoi bob amser yn amlwg, hyd yn oed i ti dy hun, mae datrys problemau o flaen llaw yn syniad da. Sut beth fyddai'r osgoi hwnnw? Bydda'n onest â ti dy hun. Derbynia fod emosiwn gorbryder yn gryf ac yn gallu dy dwyllo i wneud esgusodion sy'n ymddangos yn rhesymol. Er enghraifft, efallai y byddi di'n dweud wrthot ti dy hun, *Dydw i ddim yn teimlo y galla i wneud hyn heddiw.* Neu *Mae gen i ormod o waith cartref.* Neu *Wna 'i fynd y tro nesaf.*

Beth os wyt ti'n llithro'n ôl? Yn gyntaf, cofia hyn, os wyt ti'n *ofni* llithro'n ôl – ac os wyt ti'n ceisio gwthio meddyliau neu synwyriadau gorbryderus allan o dy feddwl i'w hosgoi – rwyt ti'n fwy tebygol o lithro'n ôl mewn gwirionedd. Yr agwedd orau i'w chael yw un lle'r wyt ti'n derbyn: rwyt ti'n derbyn y gallai dy feddwl hoelio'i sylw ar ofnau penodol yn y dyfodol a bod gen ti'r dulliau, y strategaethau, a'r profiad i reoli beth bynnag a ddaw i dy ran.

Mae'n weddol sicr y byddi di mewn sefyllfaoedd sy'n sbarduno gorbryder am gael dy feirniadu gan eraill eto. Dyw cael dy sbarduno ddim o reidrwydd yn golygu dy fod yn llithro'n ôl. Y ffordd rwyt ti'n ymateb i gael dy sbarduno sy'n penderfynu a wyt ti'n llithro'n ôl ai peidio. Os byddi di'n ailddechrau ymddygiadau osgoi neu ddiogelwch pan fyddi di'n cael dy sbarduno yn y dyfodol, rwyt ti'n debygol o lithro'n ôl. Os byddi di'n gwrthsefyll yr ymddygiadau hynny ac yn ymarfer y sgiliau sydd gen ti, fyddi di ddim yn dad-wneud dy holl waith caled ac yn mynd yn ôl i'r dechrau un.

CAEL Y CYMORTH ANGENRHEIDIOL

Myfyrwyr eraill. Beth am rannu'r llyfr hwn â dy gyfoedion? Gyda'ch gilydd, gallwch drefnu i hyrwyddo iechyd meddwl ymhlith myfyrwyr, er enghraifft, mewn clwb, colofn ym mhapur newydd yr ysgol, neu gallwch fod yn llysgenhadon iechyd meddwl. Dwyt ti ddim ar dy ben dy hun! Mae llawer llai o stigma bellach nag oedd yn arfer bod am broblemau iechyd meddwl. Mae pobl ifanc fel ti yn dysgu bod problemau yr un mor debygol o effeithio ar ein meddyliau ag ar ein cyrff. Yn wir, mae gofalu am les emosiynol pobl eraill yn dod yn rhywbeth i ymfalchïo ynddo ac mae'n dangos anhunanoldeb.

Dy rieni. Wrth gwrs, bydd dy rieni eisiau dy helpu i drechu dy ofnau. Ond efallai fyddan nhw ddim yn deall sut i dy helpu. Yn ogystal, efallai fyddi di ddim am ymddiried yn dy rieni am dy orbryder. Efallai y byddi di'n teimlo embaras i gyfaddef bod gen ti orbryder am sefyllfaoedd sy'n dod yn hawdd i lawer o dy gyfoedion neu hyd yn oed dy frodyr a chwiorydd. Efallai nad ydy dy rieni yn gwrando arnat ti, neu maen nhw'n gwneud i ti deimlo'n wael am dy ofnau. Efallai fod dy rieni'n dioddef o'u gorbryderon eu hunain, yn cael amser caled yn dy weld di'n gofidio, ac felly'n cymryd rhan mewn ymddygiadau osgoi a diogelwch gyda ti.

Er gwaetha'r holl resymau sydd gen ti i beidio, efallai, â rhannu'r hyn rwyt ti wedi'i ddysgu yn y llyfr hwn â dy rieni, dwi'n awgrymu dy fod di'n gwneud. Gallan nhw ei ddarllen hefyd. Os ydyn nhw wedi bod yn gwneud ymddygiad osgoi a diogelwch gyda ti, bydd darllen y llyfr hwn yn eu helpu i weld bod y camau hynny'n bwydo dy orbryder ac yn ei gynnal. Dwi wedi darparu adnoddau ychwanegol i rieni ar ddiwedd y llyfr hwn.

Cwnselwyr neu therapyddion. Rhanna'r llyfr hwn â dy gwnselydd ysgol neu dy therapydd unigol os wyt ti'n gweld un. Gan fod prinder gweithwyr proffesiynol sydd wedi'u hyfforddi mewn CBT, er gwaethaf ei hanes llwyddiannus amlwg, mae angen addysgu'r rhan fwyaf i allu dy helpu di. Paid â gadael i ymarferydd iechyd meddwl sydd heb gael hyfforddiant cadarn mewn CBT dy argyhoeddi di ei bod yn rhaid i ti fynd i'r afael â 'phroblemau dyfnach' neu 'drawma' i oresgyn dy orbryder cymdeithasol. Mae hon yn agwedd anwybodus a hen ffasiwn, y mae llawer o weithwyr iechyd meddwl proffesiynol yn dal i'w harddel yn anffodus. Heb arbenigedd mewn CBT, mae'n annhebygol y bydd therapydd tebyg i hyn yn gallu dy helpu.

Pryd i ofyn am gymorth proffesiynol. Mae gan bob un ohonon ni elfen o orbryder cymdeithasol. Ar ryw adeg, mae gan bawb bryder am gael eu barnu'n negyddol ac efallai hyd yn oed eu gwrthod. Does neb yn hoffi teimlo embaras na theimlo synwyriadau ffisiolegol gorbryder i'r graddau ein bod yn poeni y bydd eraill yn sylwi ac yn meddwl llai ohonon ni. Bydd rhai pobl yn dioddef ar lefel gymharol ysgafn ac yn gallu gwrthsefyll ymddygiadau osgoi a diogelwch yn gymharol hawdd. Bydd eraill yn dioddef mwy: bydd eu gofid yn uwch a bydd hi'n anoddach iddyn nhw wrthsefyll ymddygiadau osgoi a diogelwch.

Efallai y bydd angen cymorth clinigydd CBT hyfforddedig arnat ti os wyt ti'n methu dilyn y rhaglen hon oherwydd gorbryder dwys. Efallai y bydd angen help proffesiynol arnat ti hefyd os nad wyt ti'n gwneud cynnydd oherwydd ffactorau fel straen yn y teulu neu broblemau eraill sy'n cydfodoli â dy orbryder cymdeithasol sy'n gwneud dilyn rhaglen fel hon yn anodd. Dyw hyn ddim yn golygu dy fod ti'n methu goresgyn dy orbryder cymdeithasol; dim ond y bydd angen cymorth ychwanegol arnat ti. Mae llawer o sefydliadau dibynadwy yn arbenigo mewn helpu pobl o bob oed gyda gorbryder a phroblemau cysylltiedig. Edrycha ar y rhestr o adnoddau ar ddiwedd y llyfr hwn.

Mae meddyginiaethau diogel ac effeithiol yn gallu dy helpu di hefyd. Mae'r atalyddion ailafael serotonin (SSRIs: *selective serotonin reuptake inhibitors*) yn ddiogel ac yn effeithiol i bobl ifanc yn eu harddegau eu cymryd ar gyfer gorbryder cymdeithasol. Wrth gymryd meddyginiaethau o'r fath, mae tuedd i deimlo ei bod hi'n haws ymdopi ag amlygu ac mae'n haws ymatal rhag gwneud ymddygiadau osgoi a diogelwch. Ar gyfer hyn, bydd angen i ti drefnu ymgynghoriad â seiciatrydd. Gall y rhan fwyaf o glinigwyr CBT dy helpu i ddod o hyd i seiciatrydd priodol. Mae angen defnyddio meddyginiaethau ar y cyd â CBT i gael y canlyniadau gorau. Mae amlygu rhithwir – VR: *virtual reality* – yn faes newydd a allai gynnig help yn y dyfodol.

CRYNHOI'R CYFAN

Nawr dy fod ti wedi dysgu holl hanfodion y Rhaglen Lleddfu Gorbryder Cymdeithasol CBT, mae gen ti'r hyn sydd ei angen arnat i lwyddo! Gobeithio dy fod ti wedi llwyddo i dy amlygu dy hun i ambell beth eisoes a dy fod yn dechrau dod i'r arfer â'r broses ac yn gweld canlyniadau.

Efallai dy fod wedi dod at ddiwedd y llyfr, ond dyma ddechrau dy waith i wynebu dy orbryderon fel eu bod yn colli eu gafael ynot ti. Dal ati i weithio drwy bum cam y rhaglen:

1. Creu rhestr o sefyllfaoedd sy'n sbarduno gorbryder.
2. Adnabod ymddygiadau osgoi a diogelwch.
3. Adeiladu ysgol amlygu.
4. Cynnal arbrawf wynebu sefyllfa.
5. Dringo rhagor o risiau ar yr ysgol.

Cyfeiria'n ôl at y cyfarwyddiadau a'r enghreifftiau yn y llyfr hwn yn aml, yn enwedig pan fyddi di'n bwrw wal neu'n wynebu sefyllfa sbardun newydd. Bydd yr un egwyddorion yn berthnasol bob tro. Cer yn ôl i'r cychwyn os wyt ti'n wynebu anawsterau. Buan iawn y byddi di'n cael dy hun yn ôl ar ben ffordd unwaith eto. Paid â gadael i emosiynau gorbryder dy lethu di na meddwl bod rhywbeth arall yn bod arnat ti. Galli di wneud hyn, dim ond i ti ddal ati!

Adnoddau

1. Mae gan y British Association for Counselling and Psychotherapy swyddogaeth 'dod o hyd i therapydd' i dy helpu i ddod o hyd i glinigydd yn dy ardal: https://www.bacp.co.uk.

   Am wybodaeth fwy cyffredinol am orbryder cymdeithasol edrycha ar: https://meddwl.org/gwybodaeth/gorbryder/gorbryder-cymdeithasol https://111.wales.nhs.uk/Socialanxietydisorder

2. I rieni:

Lebowitz, E. R. 2019. *Addressing Parental Accommodation When Treating Anxiety in Children* (ABCT Clinical Practice Series). Efrog Newydd: Oxford University Press.

Walker, B. 2017. *Anxiety Relief for Kids: On-the-Spot Strategies to Help Your Child Overcome Worry, Panic, and Avoidance.* Oakland, California: New Harbinger.

Cyfeiriadau

Abramowitz, J. S., J. B. Deacon, ac S. P. H. Whiteside. 2019. *Exposure Therapy for Anxiety, Second Edition: Principles and Practice.* Efrog Newydd: The Guilford Press.

Aronson, E., B. Willerman, a J. Floyd. 1966. 'The Effect of a Pratfall on Increasing Interpersonal Attractiveness.' *Psychonomic Science,* 4(6): 227–228.

Craske, M. G., M. Treanor, C. Conway, T. Zbozinek, a B. Vervliet. 2015. 'Maximizing Exposure Therapy: An Inhibitory Learning Approach.' *Behaviour Research and Therapy, 58,* 10–23. doi: 10.1016 /j.brat.2014.04.006

Du Maurier, D. 1938. *Rebecca.* Llundain: Victor Gollancz Ltd.

Fritscher, L. 2020. 'Social Anxiety Disorder Information.'

https://www.verywellmind.com/what-is-social-phobia-2671698#citation-5

Leigh, E., a Clark, David M. 2018. 'Understanding Social Anxiety Disorder in Adolescents and Improving Treatment Outcomes: Applying the Cognitive Model of Clark and Wells (1995).' *Clinical Child and Family Psychology Review.* 21(3): 388–414.

Sundaram, J. 2019. 'Genetic Risk Associated with Social Anxiety.' *News Medical.* https://www.news-medical.net/health/Genetic-Risk-Associated-with-Social-Anxiety.aspx.

Mae **Bridget Flynn Walker, PhD**, yn seicolegydd clinigol trwyddedig sy'n arbenigo mewn asesu a thrin unigolion â gorbryder ac anhwylderau cysylltiedig. Graddiodd o Brifysgol California, Berkeley ac enillodd ei doethuriaeth mewn seicoleg glinigol yn y California School of Professional Psychology yn Berkeley, California. Mae ganddi arbenigedd penodol mewn defnyddio therapi ymddygiad gwybyddol (CBT) gyda phlant a phobl ifanc gorbryderus a'u teuluoedd. Hi yw awdur *Anxiety Relief for Kids*, sydd wedi cael ei ddarllen ym mhedwar ban byd ac sydd wedi'i ddewis fel un o argymhellion llyfrau hunangymorth yr Association for Behavioral and Cognitive Therapies – anrhydedd a roddir i lyfrau hunangymorth neilltuol sy'n gydnaws ag egwyddorion CBT, ac sy'n ymgorffori strategaethau a brofwyd yn wyddonol ar gyfer goresgyn anawsterau iechyd meddwl.

Mae Walker wedi hyfforddi clinigwyr ar lefel doethuriaeth mewn CBT ac anhwylderau gorbryder. Yn ogystal, mae gweithwyr iechyd meddwl proffesiynol ledled ardal San Francisco Bay yn gofyn am ei gwasanaethau ymgynghori ac addysgu. Mae'n ddarlithydd ym Mhrifysgol California yn San Francisco-Osher Mini Medical School, a gofynnir iddi'n aml i addysgu ac arwain gweithwyr proffesiynol ysgolion yn ardal San Francisco Bay ac yn genedlaethol. Mae'n adnabyddus am ei gallu i esbonio CBT yn glir a'i wneud yn hygyrch i bobl nad ydyn nhw'n gweithio'n broffesiynol yn y maes iechyd meddwl. Mae hi'n byw yn San Francisco, California. Ei gwefan yw www.drbridgetwalker.com.

Michael A. Tompkins, PhD, ABPP, awdur y rhagair, yw awdur *My Anxious Mind: A Teen's Guide to Managing Anxiety and Panic*. Mae'n gyd-gyfarwyddwr y San Francisco Bay Area Center for Cognitive Therapy; ac yn athro clinigol cynorthwyol mewn seicoleg ym Mhrifysgol California, Berkeley.